黄晓光　著

寻租、立法与官僚体制的纯经济理论

XUNZU LIFA YU
GUANLIAO TIZHI DE CHUN JINGJI LILUN

·广州·

图书在版编目（CIP）数据

寻租、立法与官僚体制的纯经济理论/黄晓光著.—广州：中山大学出版社，2022.3
ISBN 978－7－306－07427－0

Ⅰ.①寻…　Ⅱ.①黄…　Ⅲ.①制度经济学　Ⅳ.①F019.8

中国版本图书馆CIP数据核字（2022）第023695号

出 版 人：王天琪
策划编辑：李先萍
责任编辑：李先萍
封面设计：曾　斌
责任校对：袁双艳
责任技编：靳晓虹
出版发行：中山大学出版社
电　　话：编辑部020－84110771，84110283，84113349，84110779
　　　　　发行部020－84111998，84111981，84111160
地　　址：广州市新港西路135号
邮　　编：510275　　　　　传　真：020－84036565
网　　址：http：//www.zsup.com.cn　E-mail：zdcbs@mail.sysu.edu.cn
印 刷 者：广州市友盛彩印有限公司
规　　格：787mm×1092mm　1/16　12印张　179千字
版次印次：2022年3月第1版　2022年3月第1次印刷
定　　价：38.00元

引 言

本书从纯理论的角度，探讨发生在政府与市场边界上以及政府官僚机构内部的事情。也就是说，本书探讨的内容在很大程度上并不属于传统意义上经济学的范畴，而属于政治学、社会学等学科的范畴。自从以交易费用理论、产权理论和不完全契约理论等为代表的新制度经济学方法兴起之后，经济学的研究范围和对象就得到了极大的扩展。在新制度经济学范式下，以边际分析为核心的新古典经济学逐渐摆脱了单一的"数量观"，开始运用"权利观"来重新看待商品与交换。所有权、权力、租金以及契约形式等在新古典方法下难以探讨的对象和概念，在新制度经济学中都被赋予了清晰的经济学意义，同时也使得过往在政治学、社会学等学科下探讨的问题，现在能够运用经济学的方法来重新审视。奥地利经济学家米塞斯（Mises）早就提出，从纯理论上说，经济学应成为一门研究人类选择行为的普遍性学问。[①] 但要达到这一目标不是一件容易的事，新的概念与工具是必不可少的基石；而科斯（Coase）之后产生的新制度经济学，恰好提供了这一重要的基石。本书提出的理论建立在新制度经济学的理论传统上，旨在沿着已经开辟的道路，解决一些在政府行为理论、国家理论和官僚制理论中目前仍悬而未决的问题。

本书的书名叫作《寻租、立法与官僚体制的纯经济理论》，顾名思义，本书的核心内容即由相应的三部分构成，分别从纯理论的视角探讨寻租行为、立法权力配置以及官僚体制结构的经济效率问题。单纯从书名来看，这三部分内容似乎各自围绕独立的主题展开，不同主题间看起

① ［奥］米塞斯：《人的行动：关于经济学的论文》，余晖译，上海人民出版社2013年版。

来联系不大，但实际上，本书的三部分内容紧密相关，属于层层递进的结构。概括来说，本书试图回答的核心问题唯有一个：国家的立法与行政行为在什么条件下与社会的整体利益一致，在什么条件下则会与之相背离？而本书三部分在新制度经济学范式下，以纯理论的方法，分别从不同的角度来探讨并回答这一问题。

显然，这是一个十分古老的问题。从古代的孔子、孟子、柏拉图到近现代的卢梭、孟德斯鸠、穆勒和诺斯，数千年来各种探求良好国家治理的理论，大抵都在寻找使得国家行为与社会整体利益趋向一致的办法。两千多年前，弟子子张问孔子应当如何治理政事，孔子的回答中有一点即是“因民之所利而利之”①。孟子也曾对魏国的梁惠王说：“古之人与民偕乐，故能乐也。《汤誓》曰：‘时日害丧？予及女偕亡！’民欲与之偕亡，虽有台池、鸟兽，岂能独乐哉？”② 每当我意识到这一问题久远的时间维度，以及积淀在其中的无数先人的智慧，就不禁觉得自己面对的仿佛是一个浩瀚无际的宇宙，它会令人迷失方向、自感渺小，但又是那么地让人着迷。我相信，只要国家和政府组织还存在于人类社会中，这一问题就会不断地被重新提出，也总会被人以不同的方式永远研究下去。实际上，社会科学中有多少问题是严格意义上的“新问题”，是值得怀疑的。很多看似属于现代社会的“新问题”，可能已是历史悠久，也曾被古往今来的各领域学者多次探讨，如国有化的利弊、通货膨胀的影响、政府和官僚体制结构的效率以及税收的作用等。同样作为社会科学中的一个门类，经济学、政治学、社会学等和其他学科一样，也在提供着有关人类社会问题的种种见解，对各种行为现象进行观察并给出解释。在这一古老问题的相关解答中，不断演变的或许只是学者们使用的术语等，而不同的社会科学门类或许也只是从不同的角度、用不同的术语和理论体系来分析和回答这些永恒存在的问题而已。如果将这些不同的学科和理论都视作描绘这个真实世界的隐喻，那么社会科学的历史看起来或许就会像博尔赫斯笔下的“帕斯卡圆球”一样。近几十年来，新制度经济

① 参阅《论语·尧曰篇第二十》。

② 参阅《孟子·梁惠王上》。

学提供了有效的概念和工具来重新反思和探讨一些传统上属于政治学或社会学的问题，也产生了大量的论著。无论如何，这对社会科学来说都应该被看作一种进步。本书进行的也是这样一项工作，尝试着为当前研究的存疑之处提供一些见解。

具体来说，本书的研究范围局限于寻租行为、立法权力配置以及官僚体制结构。其中，寻租的一般理论是全书所有理论的基石，为我们提供了理解政府职能最优边界的基本理论框架，后续的广义立法权力最优配置理论与官僚体制的最优结构理论均建立在其上。

第一部分探讨的是寻租的一般理论。虽然从字面上看，这部分研究的是政府寻租行为的经济效率，但这实际上还回答了更为本质的问题：政府与市场的最优边界在哪里？行政权力在什么条件下与市场利益相冲突，在什么条件下又与市场利益相一致？目前有两种观点：一种可称为“有害论”的观点认为，行政权力对市场的干预，会形成租金空间，导致寻租行为的发生，大量资源从生产性用途转移到非生产性的用途上去，从而导致租值消散；但另一种相反的、可称为“有益论”的观点则认为，行政权力对市场的干预在特定的条件下，是对社会有利的，诸如在实现公共物品供给等目标上，政府的行政权力不可或缺。那么，这两种观点到底谁是正确的？如果两者在特定的条件下都可能是正确的，那么这些条件是什么？这一部分在科斯定理和不完全契约理论的基础上，通过数理方法证明了以下命题：在交易费用为零的完全契约条件下，企业不论是通过改善生产经营效率获得市场上的租金，还是通过寻租向行政权力寻求保护并获得市场上的租金，结果是相同的。其原因在于：只要政府是以租金最大化为目标的理性经济人，且交易费用为零以及存在完全契约，那么在寻租过程中，政府会向企业提出一系列的条款，而这些条款必然恰好就是企业在竞争条件下为获得最大市场收益所需满足的条件。然而，政府要与企业签订这样一份完全契约，代价是极其高昂的，因为政府不仅需要跟企业一样，清晰地了解提升生产经营效率的所有细节，包括市场环境和企业自身的生产经营状况、技术条件等，而且还必须能够巨细无遗地将这些细节写入合同之中，事后能够轻而易举地对条款的执行进行监督——这在交易费用不为零、契约不完全的现实世界中，是不可能的。这意味着，当政府很容易了解并掌握企业生产经营的细节，且较低的交易费用使得契约不完全的程度也较低时，行政权力的干预就不会引起经济效率的下降。特别是当市场竞争的“试错”过程成本高昂时，政府行政权力的干预就成了高代价市场“试错”机制的一个有效替代。反之，如果企业生产经营过程涉及大量无法缔约的专用性资产，政府就很难了解和掌握相关的生产经营细节，也无法对合约进行监督执行，此时，行政权力对市场的干预就可能是低效率的。

第二部分在第一部分的基础上，探讨广义立法权力的配置效率及其影响因素。所谓“广义的”立法权力，即决定使用何种制度规则的权力，而制度规则既包括正式的法律，也包括各种非正式的习俗和社会规范等。这一部分试图回答的问题是：当行政权力的运用需要遵从一定的制度规则时，决定这些制度规则的权力应当由谁控制？什么因素影响着这种广义立法权力的配置效率？在不同的条件下，如何配置这一权力，才能使得与社会共同利益相一致的制度规则被选择出来？这部分看似与第一部分没有什么联系，但实际上可视为第一部分理论的特殊情形：当确定了必须通过行政权力对市场进行干预之后，由谁来决定行政权力的运用应遵循怎样的“抽象规则”？该部分在科斯定理和不完全契约的分析框架下，证明了以下命题：假定制度规则的制定和执行成本为零，且允许人们之间以零交易费用相互进行交易，那么不论资产的所有权属于谁，只要制度规则变化对资产价值的边际影响极容易测度，制度规则由谁来制定、以何种方式制定，就是无关紧要的，一个社会都能得到使社会资产价值最大化的制度规则；当以上假定不再成立时，决定使用何种制度规则的权力，就应当赋予对制度规则带来的资产价值变化最敏感的一方，以及具有最低立法成本和执行成本的一方。与传统的“政治科斯定理”(political coase theorem) 相关理论不同的是，这部分提出的理论进一步揭示了社会财产观念变化与资产所有权结构变迁怎样与广义立法权力配置的效率及其变迁相联系，使得传统的国家理论能够更严格地建立在产权理论和不完全契约理论的基础上，而现有的理论不是隐含地假定了广义立法权力必然得到某种形式的配置，就是假定了这一权力与社会的财产观念和资产所有权结构无关。

第三部分探讨政府官僚体制的内部结构问题。同样地，第三部分也是第一部分寻租一般理论的扩展：假设政府被赋予一定的职能是有效率的，但必须通过雇用公务员而非外部采购合同来实现该职能目标，那么在雇用多名公务员的情况下，应如何安排这些公务员的科层结构？是所有公务员平等地听命于顶层上司，还是听命于数个中层，而这些中层才直接听命于顶层上司？政府的官僚体制与企业的官僚体制有什么本质性的不同？对这些问题的研究浩如烟海，但目前该领域仍遗留下一些问题尚待解决：为什么以固定的制度规则对政府官僚机构施加“非营利性”约束是经济的，但对同样运用官僚体制的企业来说，该约束却往往是造成企业低效率的根源？对政府官僚机构为什么需要用“预算平衡”原则加以约束，而不是放任其像市场上的企业一样追逐利润？这些约束又如何影响政府官僚体制的内部科层结构？这些问题似乎仍有待更深入的回答。在不完全契约的框架下，这部分论证了以下观点：一个有效率的官僚体制结构，应该允许上级的官僚进行“高瞻远瞩”的、带有人格化色彩的决策，而下级的官僚则应当日复一日地、以“非人格化”的原则去执行命令。[①] 根据这一理论，这部分对解决官僚体制中的“形式主义”问题提出了以下观点：官僚体制中的“形式主义”弊病，一方面产生于官僚机构承担了过大的职能，另一方面则产生于上级官僚把具有过大自由裁量空间的决策层层“打包下压”——只要上级官僚承担了过大的、难以通过明确程序或技术执行的职能，且试图把履行这些职能的责任层层压到下级官僚的头上，“形式主义”的弊病就会屡禁不止。因此，若要消除“形式主义”的弊端：一方面必须削减政府的职能，把更多的事情交给市场去做；另一方面，则需要通过稳定、清晰的制度规则将各级官僚的职能和权责固定下来，形成有效的、分层级的问责制度，尤其是对高

---

① 在经济学的语境中，对人力资产和非人力资产的“控制”，意思是谁有权对合约未加规定的资产用途进行决策，谁就拥有“权力”或自由裁量权。这纯粹是一个中性的表述，且“控制”仅限于相关的资产或事务，并没有任何合约各方“人格不平等”的含义。文中“人格化”和“非人格化”两个词，仅仅表示是否拥有自由裁量权来按照个人的主观判断进行决策而已，不涉及官僚体制中上级和下级“人格不平等”的问题。

级官僚的问责制度——对于一个有效率的官僚体制来说，高级官僚“大权在握”和“永远正确”两个目标始终是矛盾的。以清晰的、事后可证实的抽象规则来界定上下级官僚的权力和责任，既能防止在上级官僚不做出指示时下级官僚的“乱作为”和“不作为”问题，又能防止当下级官僚能按明确规章制度进行决策时上级官僚的“瞎指挥”问题，同时也能使得下级官僚可事后证实的决策失误不会过度追责到上级官僚身上，削弱自由裁量权对上级官僚的有益激励。

此外，第三部分还进一步研究了决策所需的事前与事后信息资产的剩余控制权配置对官僚体制结构的影响，并证明了以下结论：在最优官僚体制结构中，官僚等级必然与事前信息水平成正比；除了最低层级的官僚之外，官僚的等级与事后信息水平成反比。综上所述，在一个最优的官僚体制结构中，越是能使事前信息资产产生最大价值的官僚，就越是应当安排在官僚体制的上层，使之根据相对较大的自由裁量权进行决策和行事；反之，则越是应当安排在官僚体制的下层，通过明确的法律和指令对其进行管理。因此，下级官僚对上级官僚事前信息资产控制权的侵蚀，往往是官僚体制结构解体的征兆；同时，这也从另一角度表明，政府官僚（尤其是下级官僚）“照章办事”之所以具有经济效率，一个重要的原因就在于，稳定、清晰的制度规则能够使政府决策所需的事前信息资产得到有效的控制和利用，从而使其价值实现最大化。

除此之外，本书的三部分还尝试在核心理论的基础上，进行一些扩展性分析，例如，探讨“中性政府”和“中性立法”的可能性、“租金国家”与“税收国家”的含义及其关系、人如何依赖于制度进行理性的经济计算、“减税”的制度效应、“反官僚主义”措施的有效性边界，等等。这些零散的探讨或许算不上是系统的论述，但都与核心理论紧密相关。

最后需要说明的是，尽管本书不少地方运用了数学模型，但这些数学模型的难度并未超出本科高等数学的水平。此外，这些数学模型只是为了向经济学同行规范性地表述本书的核心思想，以及方便接受来自同行的检视与批评。即使跳过书中用数学模型来表述的地方，也不会对理解本书的内容造成困难。

目　录

第一章　成本与权利界定

本章并非本书的核心研究内容，而主要是为后续的核心研究提供明确的概念基础。新古典微观经济学或价格理论的观念和方法基础与新制度经济学并不完全一致，特别是涉及权利界定、合同形式等问题的时候，如果不明确这些基础概念，对于不熟悉新制度经济学范式，同时新古典微观经济学的一些成见又在思维中根深蒂固的读者来说，后面章节的理论可能会十分费解。因此，为了尽可能地减少误解，本章专门讨论一些基础概念问题，如机会成本观念、交易成本和生产成本的含义、商品和交易的“权利束”观念等。在对这些概念进行分析的过程中，我们将看到新古典微观经济学与新制度经济学范式之间的密切联系与重要区别，同时也为后续的理论奠定清晰的概念基础。

第一节　机会成本的观念

经济学中的“成本”即指“机会成本”。如果坚持认为经济学是关于人的选择的科学，那么经济学中的“成本”就唯有“机会成本”这一种含义。机会成本的概念虽然看起来简单，但它在经济学中实在是一个无比复杂和难以理解的概念，特别是在涉及公共产品和不完全产权界定的场合时。即使理解了机会成本的含义，在运用的过程中，人们也很容易受到日常的会计和财务观念的影响，不知不觉地溜到“会计成本”的概念上去——实际上，只有机会成本是和经济学相关的，因为它与人的选择相联系，而会计成本则是“沉没”的，并不影响人在当下的选择。熟悉“机会成本”概念及其运用的读者，可忽略这一小节。

在经济学理论的发展史上，许多经济学家都不吝笔墨地一再讨论经济学中“成本”的含义，例如，米塞斯（Mises）的《人的行动：关于经济学的论文》（2013）、布坎南（Buchanan）的《成本与选择》（2009）、奈特（Knight）的《风险、不确定性与利润》（2010）等，其中也都有关于“机会成本”观念的出色论述。即使是受过专业训练的经济学家，要厘清成本的概念并在分析过程中做到一以贯之的运用，也是一件十分困难的事情。因此，在开始本书的正式分析之前，阐明经济学中“机会成本”的观念以及本书将怎样运用这一观念，而“机会成本”观念又是如何与制度分析相联系，是十分必要的；同时，也便于读者检视隐藏在本书理论中的可能错误。

单纯从概念上说，机会成本是指个人因某项选择而放弃的最大主观预期收益。首先，机会成本指的是放弃了的最大预期收益，因此，一项选择的成本仅仅由放弃的最大收益决定，与放弃的次高收益以及其他更低的收益无关；其次，这一放弃的最大收益是主观的、预期的，一旦在现实中做出选择就无法再回头实现（Buchanan，2009）。因此，可预期的损失都属于成本的范畴（Knight，2010）。人的选择永远是往前看的，机会成本之所以与人的选择行为相关，原因就在于其主观性和预期性。相对地，会计成本则是日常应用于会计和财务实践的概念，指的是因过去选择所放弃之物在当前的最大价值。由于选择既成过去，损失也就无可避免。因此，会计成本是“沉没”的，并不影响理性个人根据主观预期做出的选择，而仅仅影响了个人在当前进行选择的、已成定局的客观环境。总的来看，机会成本和会计成本在概念上有着本质的区别。

使用何种成本观念——机会成本观念还是会计成本观念——决定了我们运用机会成本还是会计成本的概念去看待和分析选择行为。通过一个例子能够更好地看出两种成本观念的区别。假设在甲地有一位水果零售商，在乙地有一位农夫。农夫种植的苹果在乙地只能卖每斤[①] 1 元，但在水果零售商所处的甲地却能以每斤 2 元的价格销售。又假设运输成本为零，如果这名水果零售商从农夫那里按每斤 1 元的价格从乙地进货一

① 根据语境，保留市制单位。1 斤为 500 克，下同。——编者注

斤苹果，然后在甲地由自己把苹果消费掉而不卖出去，那么，这名水果零售商消费苹果的代价是多少？从机会成本的角度来看，应该是放弃了以2元为代表的预期最大收益，而不是进货支出的1元。相应地，如果苹果被卖了出去，那么购买苹果的消费者也同样放弃了以2元为代表的预期最大收益。这一例子表明，在相同的时间和空间条件下，只要有明确的市场价格，不管是谁最终消费了商品，付出的代价都是一样，都是以市场价格为代表的预期最大收益，水果零售商在甲地并没有比其他消费者以更低的代价消费苹果——这一放弃的预期最大收益纯粹是主观的，不同个人之间无法相互比较，但从客观角度来看，双方放弃的收益都以相同的市场价格来表征。在上述例子中，水果零售商的机会成本是以2元的市场价格来衡量的，而不是1元的进货支出，后者衡量的只是会计成本。更准确地说，2元是一斤苹果在甲地被消费的代价，而1元则是一斤苹果在乙地被消费的代价。

我们不妨把商品的市场价格称为商品被消费的客观成本，而这一价格所代表的个人放弃的最大预期收益则是主观成本，即机会成本。当然，这个作为客观成本的市场价格，正如任意一本微观经济学的教材所描述的那样，最终是由交换双方的机会成本即主观上的效用边际替代率决定的。

如果进一步考虑甲、乙两地之间的运输成本，也不改变上述的事实。在上面的例子中，只要甲地的客观成本（每斤2元）高于乙地的客观成本（每斤1元）的差额（1元）足以弥补运输费用，苹果就必然会被人从乙地运输到甲地，而不论苹果在甲地最终是否被卖出去。唯一的区别在于：如果消费者自行运输的费用低于1元的差额，他就不会去水果零售商那里购买；如果高于1元，那么他就会转而从水果零售商那里购入。但这并不会改变苹果在甲地或乙地被消费的客观代价。

不过，要清楚地区分机会成本和会计成本的差别，并一贯地在经济分析中运用机会成本的观念，绝不是一件容易的事情，即使受过专业的经济学训练，也不容易做到。本节的分析要说明的是：本书将机会成本的观念贯穿所有的分析，与其认为本节的作用是澄清机会成本的含义，倒不如说是竖立了一块警示牌，以便读者发现本书运用成本概念不当的地方。

第二节　交易成本与生产成本

怎样界定交易成本和生产成本的概念及厘清两者之间的区别，是一个极其困难的问题。这在已有研究对“交易成本”概念的运用上就能够看得出来。通常就单篇论文所要阐述的理论来说，交易成本的概念或许是清晰的，因为作者在其中仅限于特定的目的和研究对象来使用这一概念；不过一旦把许多相关的研究放在一起来审视，就会发现交易成本的概念实际上是模糊不清的，里面充满了混乱。难怪时常能从其他学者口中听到这样的嘲笑：制度经济学中的交易成本概念，看上去就像一个宇宙般大的垃圾箱，经济理论碰到的任何现实困难都可以往里头装，然后通过引进交易成本就能给出一个看似“一致”的理论解释。这种轻而易举的“成功”往往让我们安于现状，但这并不能够解决任何问题。交易成本与传统的生产成本概念之间有怎样的联系，又有怎样的区别？我们是否有正当的理由和合理的逻辑要求自己在运用这两个概念的过程中，严格地对两者进行区分？还是应当根据不同的研究对象和目的，对两者的内涵和外延做出不同的界定？本节试图回答这些问题。

一般来说，我们习惯上将交易成本或交易费用（transaction costs）[①]视作一笔交易在达成过程中所面临的种种“摩擦”或“困难”；对应于现实中的事物，诸如签订合同过程中的谈判费用、列出合同条款耗费的时间和精力、合同履行的第三方保障服务费用等，都涵盖在“交易成本”的概念中（Coase，1937；Williamson，2002；Hart，1995）。张五常教授甚至给出了一个更加宽泛的定义，认为凡是在一人世界不存在的费用，都是交易费用。[②] 因此，交易成本的概念可由更宽泛的制度成本的概念所

① 本书绝大多数场合使用的是通用的“交易费用”的概念。但实际上，交易费用和交易成本是完全相同的，不过是相同事物的不同表述。因此，需要说明的是，本书在任何场合下都是不加区别地使用这两个概念的。

② 参阅张五常《经济解释》，中信出版社2015年版，第228页。

转述。此外，如果从产权或权利界定的角度来看，交易成本又可定义为“权利界定的成本”，但这本质上和前面的定义没有什么区别。接下来，本节将试图在交易成本和生产成本两个概念之间划出清楚的界限。据我个人的思考，两个概念之间模糊的地方，主要涉及三个方面：第一，社会性或市场性；第二，生产性；第三，权利界定和分割。

（1）从社会性或市场性的角度来区分两者。正如张五常教授所述，从最宽泛的角度来理解，交易成本可解释为“在一人世界中不存在的费用”。因此，交易成本必然只存在于一个拥有市场交换的社会之中，因而具有社会性或市场性。但生产成本则在一人世界中也能够存在。按这种理解，若社会中只有一个人或每个人从事独立的、自给自足的生产和消费，那么就只存在生产成本，而不存在交易成本。但仔细思考，这种理解是存在问题的。例如，在一个发达的现代社会，人们通常依靠立法、司法和行政机构来界定和保护个人财产；但这并不意味着，当法律和官僚机构缺失时，人们不会去保护自己的财产。在这种情况下，赋税的支出变成了个人的自我保护支出而已。又例如，在知识产权法律体系建立起来之前，人们也会通过商业秘密、行会、学徒制、家族继承等方式，保护自己的知识和商誉等无形资产。即使退化到一个只有一人的社会，这个人也还是会想方设法保护自己占有的财产。这些保护财产的“支出”或“成本”，从经济性质上来说，都是一样的。因此，如果将立法、维持官僚机构和家族继承等规则习俗所须支付的成本都称为“交易成本”，那么，将“交易成本”定义为“在一人世界中不存在的费用”，就在逻辑上有矛盾了。因为通过上面的例子可见，被定义为“交易成本”的那些支出，即使在一人世界之中，也还是会存在。因此，从是否具有社会性或市场性的角度来区分交易成本和生产成本，是不可行的。

（2）从生产性的角度来区分两者。两者同属于“成本”（costs）的范畴，但交易成本和生产成本似乎不相同。直观上看，在交换和生产的过程中，省却了交易成本似乎并不会改变商品的性质和用途；而生产成本的减损，则会对商品的性质和用途造成影响。简单来说，在交易成本名义下支付的各种代价，似乎是“不事生产”的。例如，有观点认为，商品的运输成本虽然也是成本的一部分，但它属于交易成本，而不是生产成本，因为运输成本的增加或减损并不会改变商品的性质和用途。然而细究起来，这种观点也有逻辑上说不通的地方，尽管从商品的物理特性来看，处于不同时间和空间中的商品可能外观和用途完全一致，但从商品的经济特性来看，却可能完全是不同的两种商品。为什么这么说呢?同样是一瓶水，在沙漠里和在一条大河边被饮用，面临的机会成本完全不同；同样的水果或谷物，在生产过剩的地区被食用和在闹饥荒的地方被食用，也面临着完全不同的机会成本。用常规的供求理论来表述，这相当于供给和需求曲线本身的移动。由于商品不单是一个物理学上的概念，还是一个经济学上的概念，因而与价值紧密相关，于是商品所处的时间和空间就成为商品本身的重要价值维度。因此，将商品从一个地方运往另一个地方，从一个时间推延或提前到另一个时间，事实上都可以理解成用前一种商品“生产”出后一种商品。从这个意义上来理解，运输成本又确实是生产成本的一种。

我们不妨用更一般的语言来讨论这件事。说一种成本是“不事生产”的，实际上说的是这种成本支出的变化对产出的最终价值是没有影响的。如果从上面对运输成本的分析来看，任何一种被实际支付了的交易成本，一旦省却，都会带来产出的减损——当然，这是在假设技术条件不变的情况下——因此，这些所谓的交易成本，在此意义上都可称之为生产成本，简言之也是有边际生产力的；也正因此，单纯地将交易成本解释成交易过程中面临的“客观困难”不解决任何问题，因为任意一种商品被生产出来并最终在特定的时间和空间条件下被消费所需的生产成本，也都是克服“客观困难”的支出和代价。于是，我们再次回到了起点；交易成本和生产成本两个概念，在边界上也再次变得模糊了。

（3）从权利界定的角度来区分两者。根据巴泽尔（Barzel）在《产权的经济分析》（1997）一书中的观点，交易成本即“产权界定的成本”，是将一定的权利束进行界定的成本。其中，“界定”包含了权利的分割和定价（或交易）两个方面。这一定义和科斯（1937）从“市场机制的运行成本”来界定交易成本的定义是一样的，因为市场中的交换过程实质上就是对附着于商品上的权利进行界定的过程，就是对这些权利进行分割和估价的过程，两种定义并没有什么本质上的不同。现在的问题是：

如果将交易成本定义为“产权或权利界定的成本”，那么交易成本在多大程度上区别于生产成本？

一种观点认为（例如巴泽尔的理论），从权利界定的角度来看，交易成本和生产成本是有着严格的区别的。这种观点似乎对交易成本和生产成本给出了以下的定义：交易成本是指对附着于商品上的用途或权利进行界定的成本；生产成本则指改变商品的性质、形态使之产生特定用途的成本。[①]

在分析上述定义是否合理之前，我们首先来看两个例子。第一个例子是生鲜蔬果零售市场。在该市场中，我们通常看到的只有所有权转移合同，而没有租赁合同——反正我个人是从未见过有顾客去跟店家说，“租”一个苹果或一棵白菜来吃，或者用来观赏。为什么会出现这种现象呢？因为要将商品的食用或观赏等用途从店家对商品的其他剩余用途上分离出来，代价极其高昂。想象一下，如果一个顾客打算“租用”一个苹果回家观赏，并承诺第二天还回来一个完全相同的苹果，那么在这种情况下，店家需要签订的租赁合同到底会有多么的复杂：首先，店家需要监督确保顾客离店后的“观赏”行为以及其他可能采取的行为并不影响自己在该商品上的其他权利；其次，需要确保债务能够追责，也就是能在第二天联系并找到这个顾客；最后，还要有足够的技术手段来确保第二天还回来的苹果在性状上和借走的苹果一模一样，保证店家在苹果上的其他剩余权利不受影响。可见，相对于一个苹果所能提供的市场价值来说，签订这一租赁合同的代价就过于高昂了。因此，在生鲜蔬果交易中，通常只存在所有权转移合同——只要顾客把商品带离店面，他就必须支付店家放弃的、关于该商品的全部用途的价值，也就是必须买下商品的所有权。但在第二个例子——房产市场中，却广泛地存在复杂的租赁合同，因为相对于居住的用途价值来说，与上面第一个例子相反，将居住用途从房东的其他剩余用途上分离出来定价的成本，相对于租赁价值而言较低，因此，设计和执行一份租赁合同是划算的。

---

① 参阅［美］巴泽尔《产权的经济分析》，上海人民出版社 1997 年版，第 3－4 页。

从上面的两个例子来看，交易成本似乎是指把苹果和房屋的用途以某种合同的形式——合同的形式决定了附着于商品上的权利束如何界定——进行交易的成本；而相对地，生产成本则是指把苹果和房屋符合某种用途的物理特性显示出来的成本。至此，交易成本和生产成本的定义问题，看上去似乎已经得到清楚的解决了。

但仔细思考的话，这一定义也还是有不明确的地方，因为生产过程可视作将特定用途从生产要素中“分离”出来，并进行定价交易的成本。正如上面的例子所示，一旦分离特定权利束的收益足够高，分离这些权利的所有支出都可视为生产成本，因而具有边际生产力。说一种商品因“交易成本太高阻碍了交易的发生或合同的签订”，就和说因“生产成本太高而无法出现在市场”是一样的，两者没有什么不同。这样一来，交易成本和生产成本的概念就再次混同了。如果是从个人的权利束而不是从物理意义上的商品的角度来看一笔交易，我们似乎并没有区分交易成本和生产成本的必要，因为两者都是使特定权利被分离、被定价并被最终享用的代价。

总的来说，不论从上述三个方面中的哪一方面来看，交易成本和生产成本两个概念之间也总是存在着不明晰的地方。究竟是什么原因导致了这一问题？综合上述三个方面的分析来观察，还是能发现其中的原因的。当我们从物理意义上的用途来看待商品时，交易成本和生产成本的概念边界似乎就是清晰的，因为一旦确定了我们要观察的商品的物理性质，生产成本就只是指使生产要素显示出这些物理性质而支付的代价，而不论附着于这些物理性质上的权利束如何变化。换言之，一旦确定了作为观察起点的商品的物理性质，也就确定了哪些是因市场交易而产生的商品性质及其支出，什么要素是“生产性的”、什么要素是“非生产性的”，要观察的特定权利束的边界在哪里。总而言之，一旦确定了作为观察起点的商品的物理性质，也就给出了在上述三个方面划分交易成本和生产成本的一个“标准”，尽管这个标准严格来说可能并不恰当，但总归是给出了一个可供判断的标准。与此同时，交易成本则相应地指对附着于商品物理性质之上的权利束进行界定的代价。虽然这么定义交易成本和生产成本的话，两个概念的外延也还是存在重叠的地方，但从概念的内涵来看，似乎已经明确地指称不同的东西了；两个概念之间的界限是相对清晰的。例如，当商品的物理性质发生改变而不改变附着于这些物理性质上的权利束，也不改变这些权利束以不同形式被界定的困难时，那么这种改变就可能只导致生产成本的变化，交易成本在其中是不变的。但在现实中，由于商品物理性质的改变通常会使附着在上面的权利束发生变化，也会改变这些权利束以不同形式被界定的困难程度，因此，商品物理性质的改变，才会同时导致生产成本和交易成本的改变。

然而，一旦我们从权利束而不是从物理性质的角度来看待商品，事情就会发生巨大的改变：在这种场合下，交易成本与生产成本的概念之间往往就缺乏清晰的界限了，正如上述三个方面的分析过程所显示的那样。如果我们放弃了从物理角度去看待商品，那么在市场中被交易的，就不是一个接一个有着自然的、物理的边界的商品；在市场中被交易的，实际上变成了一束接一束不断被界定的权利（Coase，1992）。因此，若从权利束的角度看（按前述三个方面的分析过程），生产成本就应该被定义成使特定权利束从各种要素中被界定的成本——这恰好也是交易成本原初的定义。

由此可见，要是从权利束而非物理性质的角度来看待商品的话，区分交易成本和生产成本似乎就没有什么特别的意义。如果机会成本已经被定义为个人因某项选择而须放弃的最大主观预期收益，那么用权利束的观点把机会成本的概念重新表述，就会变成个人因享有特定权利束而须放弃的最大主观预期收益。如此一来，无论是交易成本还是传统上的生产成本概念，都统统被纳入相同的“成本”概念之中，再也无法对两者进行严格的区分。本书从头到尾都是从权利束的角度来看待商品、交易等经济概念的，因此并没有刻意去区分交易成本和生产成本的概念，因为区分这两者对本书所要论述的内容来说，并没有起到什么特别的作用。尽管运用数学模型来论证的时候会同时提及两种成本的概念——这无法避免，因为把各种经济变量量化的数学模型通常是从商品量而非权利束的角度来讨论问题的——但只须按照约定俗成的方式去理解其含义即可。因为即使换成从权利束的角度和用权利束的术语来重新表述这些理论，对结果并不会产生任何影响，只会徒增理解上的困难。我个人很赞同穆勒（Mill）在《政治经济学原理及其在社会哲学上的若干应用》（上卷）中说过的一段话：“当习惯用法已深入人心时，使用术语时最好还是尽可能不违反习惯用法；因为通过歪曲普遍接受的意义而对术语所作的任何改进，通常是不值得的，会因新旧联想间的冲突而使其含义变得模糊不清。”①

第三节　商品的自然边界和经济边界

从权利束的角度来看待商品和交易，会引起一个有趣的问题，即商品的自然边界和经济边界的问题。什么是“一个单位”的商品？我们或许会不假思索地指出一斤苹果、一个果篮、一件衣服、一双鞋子等。但这些单位仅取决于其自然的物理性质，而与经济因素无关吗？如果用权利束来看这个问题，答案显然是否定的。

根据上一节中的分析，如果说“权利界定的成本”与相应权利的收益决定了租赁合同中的商品特定用途可否从所有者的全部权利中分离定价，从而决定了租赁合同和所有权转移合同的区别，那么，又是什么决定了所有权与所有权之间的边界呢？如果按照哈特（Hart，1995）的定义，剩余控制权是指决定一项资产全部用途中未能通过合约清晰界定的那部分用途的权力，那么，什么是“一项资产全部用途”的边界呢？

从权利束的观点来看，给出的解释是这样的：一项资产的边界看似是由物理因素来决定，但其实不是的；任何权利可否分离定价，取决于该权利在交换中的收益大小，以及将该权利从其他权利中分离定价的困难程度（即交易成本的大小）；当交换带来的收益大小足以弥补交易成本的耗费而有余时，将这一权利在市场中分离定价才是经济的；否则，该权利就会混在其他权利束之中被交易。因此，似乎正是交换（不管是以什么形式）带来的收益，决定了资产上的权利以何种形式被分割，即决

---

① ［英］穆勒：《政治经济学原理及其在社会哲学上的若干应用》（上卷），赵荣潜等译，商务印书馆2005年版，第65页。

定了交换双方的权利结构；当给定交易的收益大小不变时，交易成本才是这种权利结构的影响因素。给定资产权利结构以及权利的收益、交易成本，即使宣称把天下全部资产的所有权都交给某一个人，交易的利益也还是会使资产的权利结构变回原先的模样，只要原先的权利结构给这个人带来的收益是最大化的。因为对于这个获得所有权的人来说，并非任意的权利都值得付出代价去维持。所以说，商品由物理性质决定的自然边界只是提供了权利界定的便利条件，而非决定因素；真正决定商品权利结构或商品的经济边界的，是交换带来的收益以及“权利界定的成本”。

第四节　权利界定与市场交换

按上一节中的结论，决定商品权利结构或商品的经济边界的，是交换带来的收益以及“权利界定的成本”，两者之间的比例关系决定了在交换中采用何种权利结构是经济的。但关于权利界定和市场交换的关系，目前似乎有两种观点：一种观点认为权利界定是市场交换的前提，另一种观点则认为情况正好相反，是市场交换中的利益促使交换双方的权利得到界定，或者说，是市场交换中的利益促使交换双方选择了最优的权利结构。权利界定是在市场交换之前还是之后，这个问题初看上去就像是在问“先有鸡还是先有蛋”，但回答这一问题是有意义的，因为这涉及关于产权的一些最基本的观念，有助于厘清后续研究中可能存在的一些模糊的地方。

关于“权利界定是市场交换的前提”的观点，通常被认为来源于科斯的《联邦通讯委员会》（1959）和《社会成本问题》（1960）两篇论文。科斯提出，产权界定是市场交换的前提，不过产权界定只是确定了为获得资产使用权而必须与之签约的那个主体，而最终该资产将用于何种用途，是由资产所能获得的最大预期价值所决定的。产权界定的目的并非要将外部性减到最小，而是“使产出最大化。所有的财产权都会干扰人们利用资源的能力，必须保证的是从干扰中所获得的收益应大于所产生的危害”[①]。简单来说就是，在交易成本为零的场合，不管初始产权如何界定，资源的最终用途是不变的，这一用途就是资产实现其最大价值的用途。但是，由于对损害进行评价的困难和谈判费用的高昂（即交易成本过高）会妨碍市场机制的有效运行，只有在这种场合下，政府管制或许才是有效的。以上就是科斯在这两篇论文中提出的大致观点，就是我们现在所熟知的、被称为“科斯定理”（coase theorem）的内容。不过，科斯定理说明的仅仅是在交易成本为零的场合，对于资源用途的选择而言，产权的界定是无关紧要的；如何界定产权并不影响资产最终被如何使用，权利界定在这时是与市场交换无关的。

然而，在巴泽尔的《产权的经济分析》（1997）和奥尔森（Olson）的《权力与繁荣》（2005）两本著作中，我们似乎能读到关于“权利界定和市场交换关系”的另一种理解：市场交换带来的利益，尤其是那种长期、稳定的专业化收益，是权利结构形成并向更有效结构转变的根本动力。科斯在论文《经济学中的灯塔》（1974）和奥斯特罗姆（Ostrom）在著作《公共事物的治理之道》（2012）中也表达过类似的观点：尽管交易成本并不为零，在很多场合下市场也会自发形成良好的产权制度并持久地运作。从这个角度来说，似乎又是市场交换走在了权利界定前面。

事实上，从前面第二和第三节的分析来看，这两种观点的冲突只是表面的错觉而已。因为谈及“权利界定是市场交换的前提”时，其中的市场交换是指实际发生的交换及其带来的收益；而谈及“市场交换的利益决定了权利如何界定”的时候，市场交换指的却是预期中的交换及其带来的可能收益。因此，这两种观点实际上说的是两回事。结合前面的分析，一个逻辑上一致的说法应该是这样：交换（不管是什么形式的交换[②]）带来的预期收益，决定了资产上的权利以何种形式被分割，也即决

---

① ［美］科斯：《联邦通讯委员会》，见《企业、市场与法律》，盛洪、陈郁译，格致出版社、上海人民出版社2014年版，第52页。

② 这里的“交换”应该以最广义的方式来进行理解。很多交换并非以我们最熟悉的市场交易形式来进行的，其中的“价格”也并不是我们最熟悉的那种货币价格或以物易物的比率。例如，在本书后面关于“广义立法权力最优配置理论”部分可知，“无知之幕”下的一致同意，实质上也是一种交换。

定了交换双方的权利结构，因此，当市场交换实际发生时，不仅同时决定了权利束的“价格”，而且还决定了交换双方的权利如何界定，故实际发生的交换和实际上被最终选择的权利结构，两者是同时被决定的。[①] 在科斯定理中，交易成本为零时产权界定之所以无关紧要，是因为权利界定这种行为没有任何经济价值，因此无须考虑进市场交换和价格决定的过程之中。

“权利界定是市场交换的前提”这一命题本身并没有错误，但其运用过程中很容易隐藏可怕的混乱。最主要的混乱是：认为权利界定模糊不清的地方，可统统交由政府界定，然后就能够在此基础上自然而然地形成一个市场。这种武断的观点忽视了科斯定理的重要前提，即在交易成本非零的场合：①界定权利未必在任何场合都是经济的；②即使必须对权利进行界定，也没有先验的理由认为必须由政府来进行，在很多场合下市场自发形成的产权制度可能是运作良好的。因此，在交由政府进行权利界定和权利管制之前，必须从经验上审慎地判断科斯定理的相关前提，然后再做出决定。

---

① 即使在没有任何交换（无论从何种意义上来理解的交换），动物的世界里也会有一定形式的对资源的占有。在这种时候，权利的边界基本上决定于暴力和受到暴力威胁的大小；只要掠夺的成本为零，独自占有总比对方占有为优。一方对另一方占有的承认，必然是一方暴力掠夺的成本太高或对方的暴力威胁过大，因此一方放弃产权的收益就是遭受暴力的损失的减少。

但在一个存在市场交换行为的社会，权利边界的决定因素就会复杂得多。如果允许他人“占有”资源能够产生专业化收益，从而使自己在市场交换中获利，那么，放弃或承认对方“拥有”资源的收益，就不仅仅是遭受暴力的损失的减少，此外还包括专业化分工的增益。在这种场合下，即使一方在暴力上占优，也会因此承认对方的占有权利。用经济学的术语来说，市场交换中的专业化增益大大增加了暴力的成本，暴力于是变成了一种几乎是最不经济的资源占有方式。在动物的世界里，长出强壮的躯体和练就出众的觅食能力，几乎是唯一有用的事情；而在人类社会，人们的价值观则要复杂得多，所谓的“强者”几乎有着无穷无尽的定义和理解方式，同时也有复杂的法律制度来保护不同的价值观念。究其原因，就在于人类发展出了极其错综复杂的交换关系，很多价值观甚至无法直观地看出到底有怎样的作用、能为人们带来什么增益。关于这方面更详细的论述，可参阅哈耶克教授在《自由宪章》（1999）和《致命的自负》（2000）等著作中关于财产、贸易和自生自发秩序（spontaneous order）的论述。

总的来看，一个完整的价格理论必须包含对权利结构的分析。因此，论及市场机制却不涉及分散的私有产权对运用分散知识形成的激励作用（Hayek，1945），是错误的观点。关于这一问题，马克思（Marx，1999）在《资本论》第一卷中对古典经济学的“拜物教”的批判是有道理的：分析商品、生产和交换等经济学概念的时候，必须涉及对所有制和社会关系的分析。同样地，在后面“寻租一般理论”的分析中我们将会看到，奥地利学派的观点也有相当的道理：市场机制本身就是消除人的“无知”，使生产和交换趋向于均衡的过程（Hayek，1945；Mises，2013；Kirzner，2012）。虽然这两个学派在经济学说史上势同水火，但现在回过头来看，两者有共同的、值得被认同的地方。

最后值得一提的是交易成本理论和产权理论中的“成本决定论”观念。这种观念认为，交易成本是权利结构的决定性因素，但从上述的分析来看，这只有在假定交换过程中总收益不变的场合才是成立的。如果要前后一致地运用新古典“主观价值论”的传统，那么上述的说法是应该倒过来的：正是交换过程中的总收益大小决定了使用哪种权利结构是划算的；就像消费者的需求强度决定了值得承担多高的生产成本，同样是市场的需求决定了哪些交易成本是值得承担的，而不是相反。认为“交易成本是权利结构的决定性因素”的同时，又不指明其成立的条件，这种想法在根本上是错误的。这种错误和一百多年前受到边际主义学说批判的那些“成本决定论”的错误，没有什么不同。若要在新制度经济学中一致地遵从新古典“主观价值论”的传统，那么没有理由让“成本决定论”在交易成本理论和产权理论中复活。

第五节　商品的数量观和权利观

在前面的分析中，我们知道了两种看待商品以及商品价值的观念：数量观和权利观。这两种观念初看上去似乎并没有什么实质性的区别，但实际上并非如此。

所谓数量观，顾名思义，即从数量的角度来看待经济财货。这种观念首先认为，凡是具有经济价值的同类财货，都可化约为同质的、可按同一单位计算其数量的东西；同时，财货的价值或效用也可在此基础上按单位进行切割和计数。自边际革命以来，新古典微观经济学就是建立在这种观念上的，直至现今仍是教科书的核心观念。必须承认的是：这种观念确有巨大的解释力——只要确定了要观察的商品的“类型”和计价单位，新古典的价格理论就仍是目前最具解释力的理论，并且大部分的困难似乎通过引入某种“摩擦”都能给出合理的解释。但一旦质问更根本的问题，例如，什么构成了一“类”商品？什么是一单位这类商品的“边界”？什么决定了这类商品按“斤”称而不是论“只”卖？为什么交易中会存在不同的合同形式？新古典的价格理论似乎失效了。

这些困难在商品的权利观中都不存在。从前面的分析可知，所谓权利观，即从权利束的角度来看待经济财货；一种财货在主观上的用途，就意味着一项个人的权利，而正是权利的价值以及将这种权利从其他权利中“分离”（这种分离包含着“生产”的含义）的代价，也即交易成本和生产成本，决定了什么是一“类”商品，决定了一单位这类商品的“边界”，也决定了这类商品按何种单位计算其价值最为经济——总而言之，决定了包括价格在内的所有的合同条款，最终决定了合同的形式。从这个角度来说，权利观是比数量观更一般化的观念，但这种“一般化”是有代价的，因为只要没有碰上与权利界定相关的问题，那么新古典理论的数量观似乎是完全够用的了。

数量观和权利观的上述区别，对研究政府边界问题来说是十分重要的。在数量观中，商品的类型、单位商品的边界和计价方式等，都是给定的，经济问题纯粹变成了“怎样分配蛋糕”的问题，也就是怎样按“计价单位”将不同类型的商品分配到个人或用途上，以最大化社会的总体效用。在数量观念下，政府和市场就被理解成了两种“分配蛋糕”的方式，到底谁更有效率，取决于谁更清楚分配的最优状态，以及谁能以最小的执行成本实行这一分配方案——在此过程中，任意一单位被分配的商品都可视为一份所有权转移合同，同类商品所有权是按一定单位——例如个、升等——无限可分的。但在权利观下，政府和市场是两种不同的决定商品用途的方式。当然，正如前面所述，只要给定了商品的类型、单位商品的边界和计价方式等，用这两种观念来看待政府最优边界问题，并不会有实质性的区别；但只要附着于商品的权利并非无限可分，政府对资源用途的管制只涉及部分权利的剥夺而不伴随整个所有权的转移，在这种繁杂多变的不完全契约的场合下，关于政府最优边界的权利观解释，就显示出特别的优势了。

总的来说，虽然两种观念在绝大多数场合并无差异，但当考虑量化和计算的便利时，数量观还是一种比权利观好用得多的简洁方法——本书后续章节的不少数学模型都直接使用了数量观的传统方法。不过，一旦进入关于所有权、租金和契约形式等领域，数量观可处理的问题就十分有限了。因此，注意这两种观念之间的区别，仍然是十分重要的，这有利于我们根据具体的研究问题来选择合适的方法，并在研究过程中对方法的局限时刻保持警惕。

第二章　寻租理论[1]

本章探讨三个问题：行政权力的寻租是否必然同市场利益相冲突？政府职能的最优边界在哪里？怎样通过制度设计使政府与市场的利益相一致？[2] 关于政府管制以及权力寻租对经济的影响，目前在制度经济学领域尚存在较大的争议。“有害论”的观点认为，由于政府本身是理性的经济人，行政权力干预引起的管制与租金，会导致资源从生产性部门流向非生产性部门，从而减少对生产专用性投资的激励，最终导致企业经营效率恶化以及经济增长的放缓（Tullock，1967；Krueger，1974；Iqbal and Daly，2014）；相反，“有益论”的观点则认为，在经济发展的起步阶段，由于社会制度框架难以在短期内改变，政府向市场收取的租金不仅能有利于企业等生产经营主体规避低效率的管制，而且能够对政府改善制度和政策提供有效的激励，甚至在政府能够清楚了解核心技术信息和经营方式的条件下，行政管制和寻租本身就是一种有效的生产经营手段，是提升企业生产经营效率、实现经济增长的重要力量（McChesney，1987；青木昌彦等，1998；黄少安、赵建，2009；张璇等，2016；杨德明等，2017）。这两种理论观点目前仍处于激烈的争论中，且不同的观点都有相当的案

---

① 参阅黄晓光、李胜兰、黎天元《寻租、生产专用性投资与企业经营效率》，载《制度经济学研究》2020 年第 2 期，第 23 - 40 页。

② 卢梭在《政治经济学》(2013) 一文中提出了公共经济学的两个原则：第一，立法者应使法律符合公意，政府的施政应符合法律；第二，使个别意志和公意完全一致，方式是使道德蔚然成风。现代国家理论和公共选择理论实际上就是探讨这两个原则。

卢梭提出的两个原则中，还有很多需要进一步澄清的东西：公意是什么，如何体现出来？立法者是否必然和政府分离？如何使个别意志和公意一致？个人认为就一个原则而言，显然不能获得“使道德蔚然成风”这种保证，因为没有任何东西能够保证社会中每个人的道德观完全一致。

例和数据作为支撑。

针对当前研究的现状及存在的问题，本章运用科斯定理（Coase，1960）和不完全契约理论（Hart，1995），将传统的寻租理论（Tullock，1967；Krueger，1974；McChesney，1987）扩展到更一般的情形，以同时涵盖“有害论”和“有益论”两种观点，并通过理论和数理模型，阐明两者之间发生转变的局限条件。本章论证了以下的两个核心命题：第一，在交易费用为零的完全契约条件下，无论是企业通过改善生产经营效率获得市场上的租金，还是政府通过行政保护帮助企业获取租金并向企业寻租，结果是一样的。原因在于以租金最大化为目标的政府，在寻租过程中会向企业提出“寻租”条款，而这些条款必然恰好就是企业在竞争条件下为获得最大市场收益所须满足的条款。第二，在交易费用非零的不完全契约条件下，若存在无法合约化的生产专用性投资，那么相比完全契约的状况，寻租会导致较低的生产专用性投资，因成本降低而导致的产出增加量也会随之减少。这意味着，政府管制和寻租对市场是有消极作用还是积极作用，取决于政府是否难以掌握相关生产技术与经营方法细节，以及行政权力是否会导致企业方面生产专用性投资的过度减少。

尽管本章讨论的是政府寻租与管制的问题，但在此提出的理论对于全书来说是基础性的，是最核心的基准理论。本书后续提出的一系列理论，可视为寻租一般理论的扩展形式，是在寻租的一般理论中引入各种现实因素得到的不同结果。

第一节　租金与寻租的概念

本节主要说明三个核心概念，分别是：租金、寻租和专用性投资。虽然这部分内容在第一章也有所提及，但为了更加清晰地将其显示和界定出来，本节专门对其进行更详细的说明。

（1）租金。租金指一种商品的最优用途和次优用途之间的价差，更直观地说，是指扣除后并不会使该商品改变当前用途的那部分价值。从交易费用理论的角度说，租金是交易费用大于零时，由不完全契约

（Hart，1995）或不完全产权界定（Barzel，1997）引发的结果，其实质是无法清晰写进合约（或无法建立排他性产权）的那部分价值，反映的是商品中无法清楚衡量其价值的那些可调整的边际量。扣除商品中的这部分价值，并不会使合约内得到清晰界定的那些商品的用途发生改变，但会引起无法清楚写进合约的边际量发生调整。这是不完全契约条件下专用性投资激励理论（Hart，1995）的基石。

（2）广义与狭义的寻租。租金的存在会诱使个人投入资源去竞争获取，这就是所谓的寻租（rent-seeking）行为。由于获取租金需要投入经济资源，因此租金不能够被全部获得，这称为租金消散（rent dissipation）现象。寻租的概念有广义和狭义两种形式：广义的寻租即上述的寻租概念，是指投入资源去获取租金的所有行为，无论是改善生产经营效率还是获取政府行政保护等；狭义的寻租是指塔洛克定义的寻租概念（Tullock，1967），指投入资源去最大化自身所获租金，但所获租金无法抵偿社会总损失的行为。本书使用的是广义的寻租概念，因为通过后续的研究可发现，寻租的广义和狭义概念之间并没有实质性的区别，狭义的寻租只是交易费用约束下广义寻租的一个特例。因此，如无特别说明，本书所使用的寻租概念是指广义上的寻租。

（3）专用性投资与生产专用性投资。专用性投资是指在生产经营过程中进行的专用性资产投入，而专用性资产则是这样的一种资产：唯有在某种特定用途、特定场合之下或在某项特殊交易之中才具有经济价值的资产；一旦离开了这些特定的条件，这种资产将不具有任何的经济价值（Hart，1995；Williamson，2002）。生产专用性投资则是指企业在生产经营过程中，用于增加产出的专用性投资；相对地，非生产专用性投资则是指企业在生产经营过程中用于非生产行为的专用性投资，例如针对管制部门的各种寻租和游说支出等。

实际上，在现实中对一项专用性投资区分出生产性和非生产性两类是困难的。若定要进行分类，那么难免会像古典经济学区分生产性劳动和非生产性劳动那样，引入某种武断的标准或隐含的观念。对于市场中的任意一方来说，生产性投入的减省会引起产出价值的下降，而非生产性投入的减省则有相反的效果。这种划分尽管在概念上是可行的，但要

根据这一标准给现实中的各种投入贴上“生产性”或“非生产性”的标签，则是十分困难的，必然会牵涉大量具有争议的主观判断。因此，上述关于专用性投资的生产性和非生产性的区分，与其说是一种先验的标准，倒不如说是一个经验的判断；它的作用并不是提供分析的基石，而是提供一个简便、但又不那么准确的概念“容器”，以盛装人们日常的理解。本书接受这种关于专用性投资的经验上的刻画和区分，但实际上寻租理论的最核心结论并不依赖于生产性和非生产性的区分。

第二节　关于寻租的两种传统理论

关于政府管制与寻租对企业经营和经济增长的影响，已有的研究观点主要分为“有害论”和“有益论”两种，而这两种观点在特定条件下都有其合理之处，但已有的研究尚未能将两者纳入统一的分析框架内，也未指出两者间发生转变的局限条件。本节将概述这两方面的相关研究。

1.“有害论”的观点

“有害论”的观点认为，由于政府是理性经济人而非“仁慈的上帝”，行政权力引起的管制和租金，会导致经济中的资源从生产性部门流向非生产性部门，投入寻租的过程中，从而引发租金消散与生产专用性投资激励的降低，最终导致企业经营效率下降与经济增长的放缓。企业因生产经营效率的提高或企业家发现市场机会而产生的租金，反映了经济中总价值的增益；但企业在行政庇护下获得的租金，只反映了既定总价值下的转移支付。对前一种租金的竞争获取，会导致社会利益的增进；相反，对后一种利益的竞争，则导致非生产性支出的增加以及租金耗散，从而导致社会利益的减少。这一基准理论框架由塔洛克（Tullock，1967）和克鲁格（Krueger，1974）构建。

在现实中，寻租导致的租金消散在不同领域有不同的具体表现形式，国内外在这方面已有大量的实证研究。首先，从国际上的一般经验来看，管制和租金的形成及其导致的寻租行为，总体上会降低企业经营效率和社会的经济增长能力。伊克巴尔和戴利（Iqbal and Daly，2014）对发展中国家或转轨国家的数据进行研究发现，对寻租行为的控制以及企业对政府部门寻租行为的规避水平，对经济增长有显著的正向影响。施瓦布和沃克（Schwab and Werker，2018）对多国的制造业数据进行研究发现，产业中的租金会弱化制度的功能，从而对该产业的平均劳动生产率增长产生显著的负向影响。Chen 等（2011）以中国为对象的研究也发现，在政府拥有较大行政自由裁量权的地区，企业会投入更多的资源去建立与政府的关系，从而导致资源向非生产性用途转移。康妮和陈林（2017）以 1998—2007 年中国规上工业企业为研究对象发现，政府的行政垄断保护会显著提高企业的生存风险，且该效应是通过降低企业生产经营效率和创新能力产生的。陈骏和徐捍军（2019）关于上市公司寻租行为的研究发现，采取寻租行为的企业会进行向下的盈余管理，从而降低企业财务报告的质量。

沿着“塔洛克－克鲁格”开创的基准理论，有大量的研究通过博弈论的方法来探讨寻租竞争（rent seeking contest）行为及其引致的非生产性支出的影响。这类描绘寻租竞争的理论模型[①]，尽管直观地刻画了经济主体通过非生产性支出去竞争获取因管制而产生的租金，从而导致租金消散（rent dissipation）的现象，但是，这类理论模型都假定了租金来源的对象，即假定了政府对谁实施管制，而租金又由谁来竞争性地获取。对于一个完备的寻租理论来说，不严格限定这一假定是绝对必要的，因为在管制权力的拥有者那里，权力正是待价而沽的“商品”，是其最大化自身利益的手段；当允许权力拥有者选择管制和创设租金的对象时，只要交易费用为零、合约是完备的，以租金最大化为目标的权力所有者理应会选择使租金消散最小化、可获净租金最大化的情形，并以此为依据选择管制和创设租金的对象。本章正是从这一角度出发补充和完善现有的寻租理论的。

① 有关该类理论的基准框架以及详细综述，可参阅 Appelbaum、Katz（1987）和 Ngo Van Long（2013）的相关著述。

2. “有益论”的观点

“有益论”的观点包括两类。第一类观点认为，政府寻租实质上意味着行政权力作为“商品”被置于市场上交易，当总体制度框架难以在短期内改善时，受管制的市场主体通过支付“买路钱”可规避低效的管制。只要规避管制产生的总剩余足以弥补向政府支付的“买路钱”，且不会引起生产专用性投资激励的大幅降低，那么寻租只会导致租金向政府转移，而不会降低市场总体的效率。这通常出现在市场经济转轨初期的发展中国家。但随着经济从粗放式的资源投入型增长转向依赖创新活动的集约型增长，专用性资产对于经济增长的重要性不断提高，“买路钱”式寻租带来的收益会急剧下降。麦克切斯尼（McChesney，1987）最早在理论上提出了这一观点，随后的大量实证研究也证明了上述现象的存在。例如，在较新的文献中，黄少安和赵建（2009）研究发现，在短期内，寻租行为和生产行为之间具有一定的互补性，因此政府与企业分享租金能够促进经济的增长；但在长期中，由于租金消散挤出了资本的积累，导致经济体系在长期中无法实现稳态的均衡增长。张璇等（2016）研究发现，企业寻租有利于缓解过重的税负对企业成长造成的负面影响，但这种行政庇护的“润滑剂”作用主要表现在低成长度的企业，对于高成长度的企业并不明显。王明涛和谢建国（2019）运用2001—2013年中国制造业企业数据进行研究发现，企业的寻租行为会为其带来更高的超额回报，并且随着企业所在地区的市场分割程度增高，寻租带来的超额回报增益会降低。此外，机制检验发现，在市场分割越严重的地区，寻租对企业生产性投资的负面影响越大；寻租和市场分割会降低企业税费负担，从而提升企业的超额回报。实际上，从基本的理论框架来看，“有益论”的第一类观点与“有害论”观点是一致的，都强调寻租会引起租金消散与专用性投资激励下降，但前者更进一步地注意到“寻租是相互的”这个事实，指出了通过寻租规避管制从而导致有效率结果的可能性。在这种状况下，政府的寻租相当于允许市场通过向政府支付在增长过程中获得的租金，促使政府执行“强化市场”（market-augmenting）（Olson，2005）的政策措施。

“有益论”的第二类观点更彻底地认为，在一定条件下，政府最大化租金收入的目标与社会总产出最大化的目标在很大程度上是一致的。这意味着在某些情况下，一个拥有巨大行政权力的政府，只要能够比社会和消费者以更低的成本识别有效率的企业“资质”及生产经营方式，并协调企业组织间的决策，那么管制和寻租反而可能是提升企业生产经营效率、推动产业结构转型和经济增长的重要力量。这种观点尤其体现在以20世纪“东亚经济奇迹”和中国改革开放为对象的大量研究中。在这方面的代表性理论是青木昌彦等（1998）提出的“市场增进论”。该理论区分了租金的两种形式，分别是“政策性租金”和“相机性租金”，前者指“在市场过程中政府干预所形成的”租金，后者则指其最终实现视表现或结果而定的租金。政府能够通过积极设置相机性租金，引导企业的分散决策和无序竞争行为，为市场机制运行提供有效而稳固的制度框架[①]。金滢基和马骏（1998）以东亚的石化工业发展为研究对象，为“市场增进论”提供了有力支持。他们研究发现，在东亚新兴经济体中，政府创造的租金并未像经济学家普遍认为的那样导致了大量的非生产性资源浪费，原因在于虽然政府创造了租金，但政府也能够积极限制租金向非生产性用途转移，从而创造更大的价值。该研究的一般结论表明，在技术引进的发展起始阶段，由于部分产业具有巨大的固定成本投入和规模经济，且政府对于该产业的需求前景和成本、技术要求的信息相对较清楚，因此，政府以管制创造市场租金的行为就能够有效克服市场失灵，通过设置各种进入市场的技术条款，引导非生产性的寻租投入转变为生产性的寻租投入，从而提升企业绩效和促进经济增长。

此外，也有不少新近的研究发现，寻租的两种效应都是在现实中存

---

① 青木昌彦等（1998）的“市场增进论”认为，政府最积极的作用在于增强和发展每个人的意志行使能力和经济活动能力，并且以一种更具竞争性却有序的方式协调其分散的决策，而不是被动地加以指导或使之无序竞争。总之，政府能够为市场机制的发展提供稳固的制度框架，最充分地利用人们的动力和信息。与将政府和市场看作可相互替代的资源配置机制的传统观点不同，“市场增进论”认为，政府是经济体系中不可或缺的一部分：有时作为其他制度要素（如民间组织、市场和各种中介机构）的替代物，有时又作为它们的补充。在东亚国家，尽管政府对经济的干预程度很高，但其公共部门的规模相对于西方的标准来说却是很小的。政府的作用不是为了替代，而是为了促进民间部门的协调。

在的，只是两种效应发挥作用的场合存在不一致性。例如，闭明雄和杨春学（2017）关于政府自由裁量权经济效应的研究提出，当行政权力用于保护生产者以及生产性投资的时候，就能提高社会的经济绩效；反之，当行政权力用于保护非生产者以及非生产性投入的时候，则会降低社会的经济绩效。李捷瑜和黄宇丰（2010）运用“商业环境和企业绩效调查”（business environment and enterprise performance survey，简称 BEEPS）的 27 个转型经济国家的数据进行研究发现，企业缴纳的贿赂占总销售额的比例越高，企业的销售增长越快；而这在非转型经济国家中并不明显。刘锦和张三保（2019）对行政许可与企业腐败行为关系的研究发现，行政许可权力的运用存在积极的“润滑剂效应”和消极的滥用效应，两者分别对企业效率产生正向和负向影响；而通过实证研究发现，企业申请的行政许可数量与企业在非生产性用途上耗费的资源存在显著的正向关系，并且法制环境较好时，该正向关系会减弱。

尹振东和聂辉华（2020）的研究与本章内容更是密切相关。他们通过博弈论方法探讨了行政权力寻租与经济增长之间的关系，研究认为：在不合规技术带来的负外部性相对较小的场合，政府会通过寻租与企业合谋，使企业绕开管制，进而带动经济增长；当不合规技术导致较大的负外部性，从而抵消了政府从经济增长中获得的收益时，政企合谋就会被禁止，企业会遵从管制使用合规技术，但这同时也会降低经济增长率。该理论的不足之处主要有两点：第一，模型是在“完全契约”的假定条件下构建的，政府对企业订立的合规条款没有合约成本，且政府的规制权力是假定为政府所有的，因此无法讨论权力配置的效率问题。第二，没有注意到寻租具有“相互性”这一事实——正如在科斯定理中外部性具有“相互性”一样，在寻租理论中，“寻租”也是“相互的”。在作者提出的理论中，即使政企合谋因不合规技术导致较大负外部性而被禁止，寻租的租金仍可能来源于因受不合规技术损害的企业或个人。这意味着，政府只要仍然拥有管制权力，且受损企业和个人能开出更高“价码”以收买权力，合规技术也会在“政企合谋”的情况下被采用，但此时合谋发生在政府与受损者之间，而非政府与采用不合规技术的企业之间；政府的“权力”在两种状况中一样大，行政权力的“寻租”也始终是有效率的。总之，该理论并没有解释行政权力寻租本身有效与无效的转变条件，仅仅说明了政府向特定对象寻租的有效性条件，没有注意到寻租的“相互性”这个事实，因此无法在此基础上构建一个完整的寻租理论。类似地，Yu-Bong Lai（2020）通过博弈论的方法也研究了寻租对生产效率的影响。作者认为，政府面临着社会整体利益最大化与租金收入最大化两个目标，这意味着，尽管政府管制或补贴能给企业带来提升生产效率的激励，但生产效率的提高也刺激了政府去寻获更大的租金收入——寻租对生产效率的影响取决于这两个目标谁更占优。当政府赋予租金收入最大化目标以更大的权重时，寻租就会抑制生产效率的提高；相反，当政府赋予社会整体利益最大化以更大的权重时，寻租就能反过来激励生产效率的提高。该理论实际上与前面提到的闭明雄和杨春学（2017）的研究，没有本质上的区别。这一理论存在的问题主要是：人为假定了“社会整体利益最大化”与“租金收入最大化”是政府面临的两个相互冲突的目标。这两个目标之间之所以会存在冲突，原因恰恰在于作者假定了政府要求的租金是一笔不带附加条款的、纯掠夺性的收益。但实际上，通过本章的研究就能知道，在完全契约的条件下，对于以租金收入最大化为目标的政府，通过附加条款使得租金收入与社会整体利益保持一致，才是实现租金收入最大化的途径；“社会整体利益最大化”与“租金收入最大化”两个目标之间的冲突，根本原因在于交易费用的存在以及契约的不完全性。

关于行政权力寻租的经济影响，目前尚未有一致的理论框架来解释“有害论”和“有益论”所描绘的现实及其揭示的原理，更不用说找出两种观点之间相互转变的条件。缺乏一致的理论框架对两者间相互转变的局限条件进行分析，会对理解政府在经济中的作用，理解寻租和管制行为的影响造成巨大困难。本节针对当前寻租理论的这一研究现状，运用科斯定理（Coase，1960）和不完全契约理论（Hart，1995）将传统的寻租理论扩展到更一般的情形；该一般性理论能够同时包含“有害论”和“有益论”，并指明了交易费用以及生产专用性投资的因素是如何导致两者之间发生转变的。

第三节　寻租的一般理论

本节论证命题：在交易费用为零的完全契约条件下，无论是企业通过改善生产经营效率获得市场上的租金，还是政府通过行政保护帮助企业获取租金并向企业寻租，产生的结果是一样的。并为此提供一个规范的数学说明。其原因在于：政府为获取最大化的寻租收益，必然会向企业提出改善生产经营效率的要求作为寻租合约的“条款”，这一完备的“寻租合约”将使得上述两种状况下的企业行为保持一致，相同企业在两种状况下也将具有相同的资质。这一理论实际上是运用科斯定理（Coase，1960）的直接结果。但在交易费用大于零的不完全契约场合，政府寻租及其附带的资质条款就会导致政府利益和社会公共利益的偏离。这一研究结论为我们在现实中理解和分析行政许可、寻租的经济效率以及政府最优边界等问题提供了重要基础。

（一）基准理论：不完全契约与寻租的经济效率

假设企业 A 和 B 向一个容量固定的市场提供数量为 Q 的同质产品。消费者向该产品支付的价格 P 为定值[①]，C_A 和 C_B 分别为企业 A 和 B 的边际成本曲线。从图 2－1 可见，此时市场的均衡是企业 A 占有市场份额 Q_1，企业 B 占有市场份额 $Q-Q_1$。假定一开始不存在拥有寻租权力的政府，在这一竞争市场上，由于企业 A 可通过改进生产经营效率使得边际成本曲线从 C_A 转变为 $\widetilde{C}_A$，企业 A 的市场份额从 Q_1 转变为 Q_2，而企业 B 的市场份额变成 $Q-Q_2$。

---

① 按边际成本定价实际上并不改变基本的结论，因为在本节的模型中，这只会影响租金收益在企业和消费者之间的分配，而不会影响租金的大小变化，只需要将消费者向政府寻租的行为也考虑进来，就可得到相同的结论。因此，为分析的简洁起见，此处假定只有企业才具有向政府寻租的行为，而消费者由于支付的总收益不变，因此不会向政府寻租。

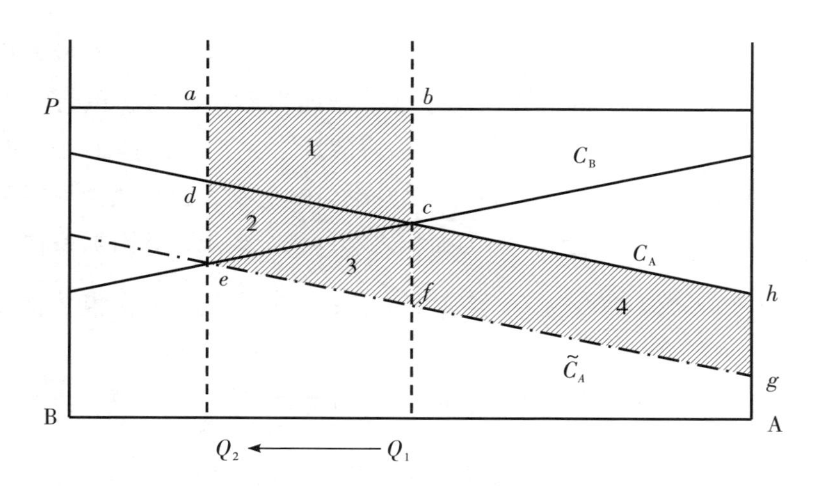

图 2－1　寻租与管制的经济效率

接下来，假定政府出现在市场上。拥有行政权力的政府可通过向企业提供竞争限制措施进行寻租。依次有以下三种情形：

第一种情形：塔洛克（Tullock，1967）寻租。假设企业 A 并不打算通过提高生产经营效率（即将边际成本曲线从 C_A 转变为 $\tilde{C}_A$），而是通过向政府寻租的方式，将市场份额从 Q_1 转变为 Q_2，那么企业 A 愿意向政府支付的最大租金就是四边形 *abcd* 的面积，即图 2－1 中的面积 1。

第二种情形：麦克切斯尼（McChesney，1987；1991）寻租。在第一种情形下，企业 B 作为寻租的竞争者，如果要将其市场份额恢复到对其有利的状况，即将其市场份额从 $Q-Q_2$ 转变为 $Q-Q_1$，那么企业 B 愿意提供的最大租金则是四边形 *abce* 的面积。从图 2－1 可见，四边形 *abcd* 的面积小于四边形 *abce* 的面积，差额部分为图中三角形 *dce* 的面积 2。这意味着，如果企业 A 不通过提高生产经营效率把边际成本曲线 C_A 转变为 $\tilde{C}_A$，它的寻租行为不会成功，因为企业 B 愿意向政府提供的租金更大。

第三种情形：附带资质条款的寻租。进一步地，如果企业 A 提高生产经营效率，那么他愿意向政府提供的最大租金就变成四边形 *abfe* 的面积与四边形 *fchg* 的面积之和——即消费者剩余与生产效率改进带来的租金增益之和。而这大于企业 B 愿意提供的最大租金，即四边形 *abce* 的面积，差额即图 2－1 中三角形 *cfe* 的面积 3 与平行四边形 *fchg* 的面积 4。综上所述，寻租的结果必然是企业 A 通过提高生产经营效率，然后向政府提供大于四边形 *abce* 的面积而小于或等于四边形 *abfe* 的面积与四边形 *fchg* 的面积之和的租金。另外，需要注意的是，在完全契约条件下，即使企业 A 不打算提高生产经营效率，政府也会向企业 A 提出最大等值于四边形 *abfe* 的面积与四边形 *fchg* 的面积之和的租金要求，并附加条款要求企业 A 将边际成本曲线从 C_A 转变为 $\widetilde{C}_A$。这是政府获得最大租金收入的方式。

综合上述三种情形，就可得到本节一开始提到的命题：

> 命题 2-1：在交易费用为零的完全契约条件下，无论是企业通过改善生产经营效率获得市场上的租金，还是政府通过行政保护帮助企业获取租金并向企业寻租，产生的结果是一样的。

在本节的例子中，即无论是否存在行政权力寻租，市场的结果都是企业 A 提高生产经营效率（C_A 转变为 $\widetilde{C}_A$）且市场份额为 Q_2。唯一的不同在于：租金或剩余控制权是属于企业还是属于政府。

但上述完全契约条件下的均衡状态如果要实现，需要满足较为苛刻的条件：第一，政府必须与企业 A 一样，都清楚地知道提高生产经营效率是获得最大市场租金的方法；第二，政府与企业之间签订和履行合约的交易费用足够低，使得政府和企业之间的寻租合约是一份完全契约，政府向企业 A 提供的寻租合约“巨细无遗”地列明了提高生产经营效率的所有细节，并且所有细节政府都可清晰地观察并监督执行。因此，在交易费用大于零的不完全契约条件下，无论是政府通过行政手段对企业资质提出要求，还是消费者在市场上对企业资质进行选择，与完全契约的状况相比，都可能是低效率的，因为要弄清楚哪些企业能够创造最大的市场租金并对企业实施监督和执行，需要耗费交易成本。此外，正如麦克切斯尼（McChesney，1987）和哈特（Hart，1995）所指出的，假如租金包含着对无法清楚写进合约的专用性投资的补偿，且专用性投资对生产而言具有重要性，那么寻租还会影响租金的分配，从而影响资源在生产性和非生产性专用投资上的投入。综上可得以下命题：

命题2-2：在交易费用大于零的不完全契约条件下，若存在无法合约化的生产专用性投资，那么相比帕累托最优的状况，寻租会导致较低的生产专用性投资，因成本降低而导致的产出增加同时也会较小。

该命题最直观的解释是：谁能够以最低交易费用趋于完全契约条件下的最优，谁就应该决定最终获得市场租金的企业应该符合怎样的资质。因此，由政府决定企业资质并获取寻租收益未必是低效率的，相应地，完全由市场来决定企业资质也未必具有高效率。例如，食物药品安全检测通常由具备技术能力的专业化公共部门事前进行，因为由分散的、非专业的消费者来进行检测或通过“市场试错”的方式排除不合格的产品和企业，交易费用极为高昂，甚至需要以付出生命为代价。但是，例如一双鞋合穿与否、款式是否合意之类的市场选择，由消费者自身来实施要比通过政府实施更为经济有效。也就是说，政府通过事前的行政许可和事中事后的监管来选择产品和生产者，实际上应被视作高代价市场竞争机制的一个替代，只要这个替代能带来更大的收益，那么引入政府的管制就是经济的、有效率的，否则就应该把事情交给市场去做。这恰如穆勒以“功利主义”（utilitarianism）的观念来理解的政府：“在许多情况下，政府承担责任，行使职能，之所以受到普遍欢迎，并不是由于别的什么原因，而只是由于这样一个简单的原因，即它这样做有助于增进普遍的便利。”①

这一理论实际上在司法实践中早已有所体现，对于一项行政许可行为在司法上是否应判定为“合法”，若属“违法”又是否应当撤销等问题，其对社会公共利益的影响是左右法院判决的一个重要因素。② 接下来的小节，将引入生产专用性投资，在不完全契约理论（Hart，1995）的框架下，通过构建数理模型，一般性地对上述命题2-1和命题2-2进行证明。

---

① ［英］穆勒：《政治经济学原理及其在社会哲学上的若干应用》（下卷），胡企林、朱泱译，商务印书馆2005年版，第371页。

② 例如，《张道文、陶仁等诉四川省简阳市人民政府侵犯客运人力三轮车经营权案》（最高人民法院审判委员会指导案例88号，2017年11月15日颁布），《赣榆京融管道燃气公司诉连云港赣榆区政府撤销管道燃气特许经营权纠纷案》（苏行终字第00158号，2014年）。

1. 对命题2-1的证明

假定一开始存在两个完全同质的企业A和企业B，其利润函数分别为：

$$R_A(q_A) = pq_A - \frac{c}{2}q_A^2 \tag{2-1}$$

$$R_B(q_A) = pq_B - \frac{c}{2}q_B^2 = p(Q - q_A) - \frac{c}{2}(Q - q_A)^2 \tag{2-2}$$

$$q_A + q_B \equiv Q$$

其中，R_A 为企业A的总利润，p 为产品价格，q_A 是企业A的产品数量，c 是企业的成本参数，Q 为给定的市场总需求量或市场容量，在市场出清时有 $Q = q_A + q_B$。此外，又假定现在有降低生产成本的新技术，无须进行任何的专用性投资即可获得。该新技术能够使得企业的成本从 c 转变为 $\tilde{c}$，并且有 $c > \tilde{c} > 0$。为简洁起见，假定该新技术只有企业A可获得。该假定实际上是无关紧要的，不会使结论失却一般性，因为只要企业A对企业B有相对的成本降低即可。因此，为了分析的简便，现假定企业B的成本函数相对固定不变。此外，还假定需求者愿意支付的最大价格为 p，并且实际上也是按照这一价格支付，这意味着消费者剩余完全为企业或政府获得。这一看似严苛的假定实际上也是不失一般性的，只要允许寻租行为同时发生在需求者身上。为了分析的简便，故假定消费者固定按最大支付价格购买商品。

（1）首先探讨没有寻租行为的情形。当没有寻租行为发生时，均衡的状态下就有企业A租金的边际增量等于企业B租金的边际减量：

$$R'_A = p - cq_A = -R'_B = p - c(Q - q_A) \tag{2-3}$$

$$q_A = q_B = \frac{Q}{2}$$

由于只有企业A能够使用新技术，那么当企业A运用新技术提升生产经营效率时，有：

$$\tilde{R}_A = pq_A - \frac{\tilde{c}}{2}q_A^2 \tag{2-4}$$

$$\tilde{R}'_A = p - \tilde{c}q_A = -R'_B = p - c(Q - q_A) \tag{2-5}$$

$$q_A = \frac{c}{\tilde{c} + c}Q,\ q_B = \frac{\tilde{c}}{\tilde{c} + c}Q,\ \frac{c}{\tilde{c} + c} > \frac{1}{2}$$

其中，$\tilde{c}$为采用新技术的企业成本参数，$\tilde{R}_A$ 为企业 A 使用新技术后所得的利润。由此可见，新技术的使用以及边际成本的整体降低使得企业 A 的市场份额相对于初始的状态有所扩大，而企业 B 的市场份额则相对萎缩。

（2）接下来讨论存在寻租行为的情形。倘若企业 A 一开始并不打算通过使用新技术扩大市场份额，而是通过寻租的方式，向政府提供租金以换取管制措施，使企业 B 的市场份额限定在 $q_B = \frac{\tilde{c}}{\tilde{c}+c}Q < \frac{Q}{2}$ 的水平上，而使自己的市场份额扩大到 $q_A = \frac{c}{\tilde{c}+c}Q > \frac{Q}{2}$。此时，企业 A 能够向政府提供的最大租金是：

$$rent_A = p\left(\frac{c}{\tilde{c}+c} - \frac{1}{2}\right)Q - \int_{\frac{Q}{2}}^{\frac{c}{\tilde{c}+c}Q} csds = \left(p - \frac{c}{2}\eta Q\right)\phi Q \qquad (2-6)$$

其中，$\phi = \frac{c}{\tilde{c}+c} - \frac{1}{2}$，$\eta = \frac{c}{\tilde{c}+c} + \frac{1}{2}$。当企业 A 要求政府管制以扩大市场份额时，企业 B 的租金会受损，其减少的量是：

$$rent_B = p\left(\frac{1}{2} - \frac{\tilde{c}}{\tilde{c}+c}\right)Q - \int_{\frac{\tilde{c}}{\tilde{c}+c}}^{\frac{Q}{2}} csds = \left(p - \frac{c}{2}\varphi Q\right)\phi Q \qquad (2-7)$$

其中，由于 $\varphi = \frac{1}{2} + \frac{\tilde{c}}{\tilde{c}+c}$，由于 $\varphi < \eta$，故 $rent_A < rent_B$，即企业 B 愿意向政府提供比企业 A 更高的租金，换取政府放弃对企业 B 的管制。但寻租过程到这里还没结束，因为对于企业 A 而言，$rent_A = \left(p - \frac{c}{2}\eta Q\right)\phi Q$ 并非其能够提供的最大租金。若企业 A 在寻租的同时使用新技术，那么其获得的租金增益就会变成：

$$rent'_A = p\left(\frac{c}{\tilde{c}+c} - \frac{1}{2}\right)Q - \tilde{c}\int_{\frac{Q}{2}}^{\frac{c}{\tilde{c}+c}Q} sds + (c - \tilde{c})\int_0^{\frac{Q}{2}} sds$$

$$= \left(p - \frac{\tilde{c}}{2}\eta Q\right)\phi Q + M \qquad (2-8)$$

其中，$M=(c-\tilde{c})\int_{0}^{\frac{Q}{2}}s\mathrm{d}s=\frac{c-\tilde{c}}{8}Q^{2}>0$。此外，由于$\frac{c}{2}\varphi-\frac{\tilde{c}}{2}\eta=\frac{c-\tilde{c}}{4}>0$，因此有$rent'_{\mathrm{A}}-M>rent_{\mathrm{B}}$，即$rent'_{\mathrm{A}}>rent_{\mathrm{B}}$。这一结果意味着，企业A会使用新技术，并且向政府寻租，而企业A实际提供的租金量必然大于$rent_{\mathrm{B}}$且小于或等于$rent'_{\mathrm{A}}$。进一步地，即使企业A不打算使用新技术，以租金最大化为目标的政府也会通过一份完备的合同向企业A提出采用新技术的要求，并获取由此带来的全部租金增益。

综合上述的结果可知：在交易费用为零的完全契约条件下，无论是否存在寻租行为，都不会改变最终的市场结果，即企业A会使用新技术使得成本参数c下降为$\tilde{c}$，企业A和企业B的市场份额分别为$q_{\mathrm{A}}=\frac{c}{\tilde{c}+c}Q$和$q_{\mathrm{B}}=\frac{\tilde{c}}{\tilde{c}+c}Q$。寻租行为只影响租金在企业和政府之间的分配，而不影响租金最大化的事实。至此，命题2－1得到了证明。这实际上是运用科斯定理（Coase，1960）的直接结果。

2．对命题2－2的证明

接下来考虑存在生产专用性投资的情形。假设提高生产效率、降低成本需要的生产专用性投资水平记为I，且该专用性投资不可合约化，即其收益不能通过清楚的合约条款加以界定。这意味着，政府在向企业索取租金时，不会考虑企业在生产专用性投资上的支出。假设成本关于生产专用性投资的函数$\tilde{c}(I)$满足以下的性质：

$$c\geqslant\tilde{c}(I)>0,\ \tilde{c}'(I)<0,\ \tilde{c}''(I)>0,\ \tilde{c}(0)=c \text{ 和 } \tilde{c}(\infty)=0$$

政府可观察到c和$\tilde{c}(I)$，不能观察到企业的生产专用性投资水平I。另外，假定$\frac{\tilde{c}''(I)}{[\tilde{c}'(I)]^{2}}\geqslant\frac{1}{\tilde{c}(I)}$，即成本函数$\tilde{c}(I)$满足对数凸性。

（1）同样，首先探讨没有寻租的情形。当没有寻租行为发生时，均衡的状态下企业A不仅要使得自己的租金边际增量等于企业B的租金边际减量，而且要通过选择最优的生产专用性投资水平以最大化自身的租金收益。因此有：

$$\tilde{R}_{\mathrm{A}}=pq_{\mathrm{A}}-\frac{\tilde{c}(I)}{2}q_{\mathrm{A}}^{2}-I \tag{2-9}$$

$$\frac{\partial \widetilde{R}_A}{\partial q_A} = p - \tilde{c}(I)q_A = -\frac{\partial \widetilde{R}_B}{\partial q_A} = p - c(Q - q_A) \tag{2-10}$$

$$\frac{\partial \widetilde{R}_A}{\partial I} = -\frac{1}{2}\tilde{c}'(I)q_A^2 - 1 = 0 \tag{2-11}$$

由此可得 $q_A = \frac{c}{\tilde{c}(\hat{I}) + c}Q$ 和 $q_B = \frac{\tilde{c}(\hat{I})}{\tilde{c}(\hat{I}) + c}Q$，以及还有 $I = \hat{I}$。由于二阶求导满足：

$$\begin{aligned}
\left.\frac{\partial^2 \widetilde{R}_A}{\partial I^2}\right|_{I=\hat{I}} &= -\frac{1}{2}\tilde{c}''(\hat{I})q_A^2 + \left[-\tilde{c}'(\hat{I})q_A\frac{\partial q_A}{\partial I}\right] \\
&= -\frac{1}{2}\tilde{c}''(\hat{I})q_A^2 + [\tilde{c}'(\hat{I})]^2 q_A^2 \frac{1}{\tilde{c}(\hat{I}) + c} \\
&= -\frac{1}{2}[\tilde{c}'(\hat{I})]^2\left\{\frac{\tilde{c}''(\hat{I})}{[\tilde{c}'(\hat{I})]^2} - \frac{2}{\tilde{c}(\hat{I}) + c}\right\}q_A^2 \\
&\leqslant -\frac{1}{2}[\tilde{c}'(\hat{I})]^2\left\{\frac{1}{\tilde{c}(\hat{I})} - \frac{2}{\tilde{c}(\hat{I}) + c}\right\}q_A^2 \\
&= -\frac{1}{2}[\tilde{c}'(\hat{I})]^2 \frac{c - \tilde{c}(\hat{I})}{\tilde{c}(\hat{I})[\tilde{c}(\hat{I}) + c]}q_A^2 \leqslant 0
\end{aligned} \tag{2-12}$$

故当 $I \geqslant \hat{I}$ 时有 $\frac{\partial \widetilde{R}_A}{\partial I} \leqslant 0$，当 $I \leqslant \hat{I}$ 时则有 $\frac{\partial \widetilde{R}_A}{\partial I} \geqslant 0$。假设在市场条件下，企业 A 会自发选择使用新技术，即意味着对于任意的 I，均有以下不等式成立：

$$\widetilde{R}_A = pq_A(I) - \frac{\tilde{c}(I)}{2}q_A^2(I) - I \geqslant pq_A(0) - \frac{c}{2}q_A^2(0) = R_0 \tag{2-13}$$

（2）进一步探讨存在寻租的情形。假设企业 A 不进行专用性投资而向政府寻租，那么结果与上面一样，即企业 B 会支付 $rent_B(I)$，以使政府放弃对其实施的限制。根据上面的分析，可直接得出：

$$rent_B(I) = \left[p - \frac{c}{2}\varphi(I)Q\right]\phi(I)Q \tag{2-14}$$

类似地，其中，$\varphi(I)=\frac{1}{2}+\frac{\tilde{c}(I)}{\tilde{c}(I)+c}$和$\phi(I)=\frac{c}{\tilde{c}(I)+c}-\frac{1}{2}$。由于仍然有$rent_B(I)>rent_A(I)$，因此，企业A的寻租不会成功。这意味着，企业A必须选择通过技术改进，然后再向政府提供更大的租金。如果政府拿走全部因使用新技术而带来的租金增益，那么企业A面临的收益函数就变成：

$$\pi_A=pq_A(0)-\frac{c}{2}q_A^2(0)=R_0 \tag{2-15}$$

毫无疑问，此时$I=0$。这也就是说，当政府打算获取生产专用性投资和技术改进带来的全部租金增益的时候，最终的结果必然就是不会有任何的新技术被使用，市场份额和没有新技术引入时的初始状况一样，同时，政府获得的租金为小于$rent_B(0)$而大于$rent_A(0)$的中间值。假如政府仅拿最低的、等于$rent_B(I)$的租金，剩余部分全部留给企业A，那么企业A的收益函数就变成：

$$\begin{aligned}\pi_A&=rent'_A(I)-rent_B(I)+R_0-I\\&=\left(\frac{c}{2}\varphi(I)-\frac{\tilde{c}(I)}{2}\eta(I)\right)\phi(I)Q^2+M(I)+R_0-I\\&=\frac{c-\tilde{c}(I)}{4}\cdot\frac{c}{\tilde{c}(I)+c}Q^2+R_0-I\end{aligned} \tag{2-16}$$

$$\frac{\partial\pi_A}{\partial I}=-\frac{1}{2}\tilde{c}'(I)q_A^2(I)-1=0 \tag{2-17}$$

由此可得$q_A=\frac{c}{\tilde{c}(\hat{I})+c}Q$和$q_B=\frac{\tilde{c}(\hat{I})}{\tilde{c}(\hat{I})+c}Q$，以及$I=\hat{I}$，这与无寻租情况下的生产专用性投资水平是一致的。这意味着，只要企业A能够提供足够的租金阻止企业B向政府提供租金以规避管制，同时政府承诺把租金中高于企业B愿意提供的部分全部留给企业A，那么对于企业A来说，收益最大化的决策仍然是把生产专用性投资提升到完全契约条件下的最优水平。但实际上，政府一方面既不会拿走新技术应用带来的全部租金增益，另一方面也不会把全部的租金增益留给企业A。只有这样，政府才能够获得多于从企业B那里获得的租金，从而和企业A分享技术改进带来的好处。假设政府除了等价于$rent_B(I)$的租金之外还要求企业A提供剩余租金增益的μ（$0\leqslant\mu\leqslant1$）部分，于是企业A的收益函数变成：

$$\pi_A = (1-\mu)[rent'_A(I) - rent_B(I)] + R_0 - I \qquad (2-18)$$

于是一阶条件为：

$$\frac{\partial \pi_A}{\partial I} = -\frac{1}{2}(1-\mu)\tilde{c}'(I)q_A^2(I) - 1 = 0 \qquad (2-19)$$

记上式所得结果为I'，现在需要讨论的是I'和$\hat{I}$之间的大小关系。由于I'满足$-\frac{1}{2}(1-\mu)\tilde{c}'(I')q_A^2(I') \equiv 1 \leqslant -\frac{1}{2}\tilde{c}'(I')q_A^2(I')$，而$\hat{I}$满足$-\frac{1}{2}\tilde{c}'(\hat{I})q_A^2(\hat{I}) \equiv 1$，因此必然有：

$$\tilde{c}'(I')q_A^2(I') \leqslant \tilde{c}'(\hat{I})q_A^2(\hat{I}) \qquad (2-20)$$

设函数$L(I) = \tilde{c}'(I)q_A^2(I)$，求一阶导数可得：

$$L'(I) = \tilde{c}''(I)q_A^2(I) + 2\tilde{c}'(I)q_A(I)q'_A(I) \qquad (2-21)$$

利用条件$\frac{\tilde{c}''(\hat{I})}{[\tilde{c}'(\hat{I})]^2} \geqslant \frac{1}{\tilde{c}(\hat{I})}$转化上式可得：

$$\begin{aligned} L'(I) &= \tilde{c}''(I)q_A^2(I) + 2\tilde{c}'(I)q_A(I)q'_A(I) \\ &= 2\tilde{c}'(I)\left[\frac{1}{2}\frac{\tilde{c}''(I)}{\tilde{c}'(I)}\frac{q_A(I)}{q'_A(I)} + 1\right]q_A(I)q'_A(I) \\ &= 2\tilde{c}'(I)\left\{1 - \frac{1}{2}\frac{\tilde{c}''(I)}{[\tilde{c}'(I)]^2}[\tilde{c}(I) + c]\right\}q_A(I)q'_A(I) \\ &\geqslant 2\tilde{c}'(I)\left[1 - \frac{1}{2}\frac{\tilde{c}(I) + c}{\tilde{c}(I)}\right]q_A(I)q'_A(I) \geqslant 0 \end{aligned} \qquad (2-22)$$

即$L'(I) \geqslant 0$，由此可得$0 \leqslant I' \leqslant \hat{I}$且$\tilde{c}(I') \geqslant \tilde{c}(\hat{I})$。于是可得以下结论：只要存在寻租行为，生产专用性投资水平不会高于无寻租时的状况（$I' \leqslant \hat{I}$），同时企业经营成本也不低于无寻租时的状况［$\tilde{c}(I') \geqslant \tilde{c}(\hat{I})$］。当然，生产专用性投资也可能发生在政府方面，但由此获得的解是对称的，无须再赘述。命题2-2由此得到证明。

（二）政府的租金最大化决策

最后考虑政府的租金最大化决策。记式2－19的解$I' = I(\mu)$，且根据上文的分析，有$I(0) = \hat{I}$以及$I(1) = 0$。将其代入一阶条件并求二阶导数可得：

$$\frac{\partial I}{\partial \mu} = \frac{\tilde{c}' q_A^2}{(1-\mu)(\tilde{c}'' q_A^2 + 2\tilde{c}' q_A q'_A)} < 0 \qquad (2-23)$$

这意味着，随着获取比例的提高，企业A的生产专用性投资会减少。此时政府的收益为：

$$\pi_G(\mu) = \mu\{rent'_A[I(\mu)] - rent_B[I(\mu)]\} + rent_B[I(\mu)] \qquad (2-24)$$

对μ求导可得：

$$\pi'_G(\mu) = rent'_A[I(\mu)] - rent_B[I(\mu)] + \left[\left(p - \tilde{c}'(I(\mu))q_A(I(\mu))\right)q'_A(I(\mu)) + \frac{\mu}{1-\mu}\right]I'(\mu) \qquad (2-25)$$

由于$\pi'_G(1) < 0$，故能使政府获取最大租金的比例μ^*必然满足$0 \leqslant \mu^* < 1$。这一结果表示，在存在生产专用性投资的场合，为了实现租金最大化，政府不会获取全部的企业租金，而是会以某个最优比例与企业分享租金，该最优比例能够保证政府从企业A中获得的租金不低于企业B所能提供的最大租金。在这一情况下，生产专用性投资的水平相比完全契约的情况仍然较低。

第四节　政府的最优边界问题

前述的结论为我们讨论政府的最优边界问题提供了一个基础。在此之前，哈特（Hart，1997）为该问题提供了一个答案，在政府公共所有权和私人所有权之间进行选择的关键，在于考虑私人部门降低成本的行为是否会带来服务质量的下降，而这些服务质量由于不完全契约的存在难以事先被清楚地写进合约之中。一般来说，即当政府目标无法通过以成本最小化或利润最大化为目标的企业来实现时——因为政府要企业实现这一点，必须与之签订一份完备的合同——政府就应该将企业国有化成为政府机构或国有企业。

但这一理论存在的缺陷也是明显的：为什么必须赋予政府所谓“改善服务质量”的目标？为什么企业做不到这一点？而政府又是如何做得比私人部门更好的？实际上，根据本章的寻租一般理论，在完全契约的条件下，根本没有任何理由认为政府和私人部门的目标会存在差别；不管所有权归政府还是归私人部门，所有权的变化只改变租金在政府和私人部门之间的分配，不改变租金最大化的事实。这意味着，当处于完全契约的条件下，所有具有经济价值的目标都会被政府和私人部门充分衡量，并且没有任何理由认为私人部门一定会做得比政府要差。在哈特等人的理论中，政府目标和私人部门目标之间的不一致假定，本身就隐含着不完全契约的条件。因此，讨论政府的最优边界问题，不应该从假定存在“政府”和“私人部门”两个目标不同的主体出发，而应该从目标相同的主体出发，去讨论不完全契约状况的出现是如何使两者的目标发生分离、由哪种目标引致的专用性投资更有助于实现最大的利益，应该基于此来选择将所有权分配给政府还是私人部门。

由上可见，政府的最优边界实际上是一个动态的、灵活的和开放的问题，因为理论只能为我们提供一个框架来分析在决定现实中政府权力的最优边界时，应该考虑怎样的实际因素；理论并不能一劳永逸地给我们带来一个乌托邦，使人们在现实中永恒地生活在一个具有最优边界的政府之下。

接下来要探讨的是更现实的问题：所谓“政府所有权”和“政府边界的扩张”到底意味着什么？如果把完全的政府所有权和完全的私人部门所有权视为两个极端，那么在两个极端之间，实际上存在着连续的“光谱”。因为如果把权力定义为对资产用途的“剩余控制权”（Hart，1995），那么政府边界的扩大或占有资产的所有权，就意味着政府控制着资产在正式合约之外的“剩余用途”——但这一控制通常是不完全的。第一，在完全的政府所有权下，政府直接接管了全部的资产，在任何交易中都可以决定合约之外的资产全部剩余用途。第二，在不完全的政府所有权下，政府往往不直接接管资产，而是通过规制或某种形式的“没

收－返还”规则决定资产的用途，从而部分地分享对资产用途的剩余控制权。而在规制或“没收－返还”规则约定之外的状况，私人部门仍然有权决定资产的剩余用途。不难推断，在完全契约的条件下，这两种占有资产所有权的方式是没有任何区别的，因为政府可在规制合约或“没收－返还”的规则中列出所有的要求，使得该资产就像被自己直接接管了一样得到使用。而不完全契约使这两种方式产生了区别，并在完全的政府所有权和完全的私人部门所有权两个极端之间形成连续的“光谱”，并产生现实中极其复杂的种种情况。

根据本章的理论，我们还能看到：一种危机之下显然的公共需求的出现，以及对满足这种需求的人格化力量的信仰，往往是行政自由裁量打破法律约束并急剧膨胀的重要原因。这一点与卡西尔（Cassirer）教授在《国家的神话》一书中所表述的思想不谋而合：

> 神话是人格化的共同意愿。……领导之需要，只是在共同意愿已达到一种不可阻挡之势，或相反地，用平常的规范方式实现这种意愿的一切希望均告破灭时才会出现。在这样的时刻，意愿不仅被敏锐地感觉到，而且也被人格化了。它就以一种具体的、可塑的和个人的形态伫立在人的眼前。强烈的共同意愿在领袖身上体现出来。以前的社会约束（法律、正义、宪法）被宣布为无效。唯一保存下来的就是神秘的力量和领袖的权威，领袖意志是最高的法律。……倘若一种共同的意愿以其全部力量和强度为人所感知，那么，人们很容易相信，仅需要恰当的人来满足这种意愿。①

寻租的一般理论显示，作为一种决定资产用途的机制，行政措施要优于市场机制，其中一个极重要的条件就是：相比以分散化决策为核心特征的市场机制，政府要更清楚资产的最优用途。但必须注意的是，不是任何场合下显然公共需求的出现和对满足这种需求的人格化力量的信

① ［美］卡西尔：《国家的神话》，范进等译，华夏出版社2015年版，第337－339页。

仰，都会导致社会法治的破坏。如果一种特定的处境和由此引致的公共需求反复地出现，并且满足这种公共需求的技术手段是相对稳定的，那么这种特定处境带来的社会公共利益变化就可“资本化”地在立法过程中被考虑。在这种场合下，一种“非人格化”的行政官僚体制就会对市场机制形成有效的替代，这不一定意味着行政自由裁量权的急剧膨胀，反而可能意味着社会的法治程度不断提高。近现代知识产权法律制度对古代社会中技艺传承习俗的替代，就是一个较有代表性的例子。

相反，如果一种特定的处境和由此引致的公共需求在一代人甚至数代人中都是稀见的，同时，没有过往的智慧足以保证技术手段的存在，那么这种特定处境带来的社会公共利益变化就无法被“资本化”在立法之中了。按卡西尔教授的理论，此时，各种关于政府和国家的“神话”就会大有市场，只要这种“神话”能够让人相信，一种具有神秘力量的“人格化”代表能够使人们走出困境，人们就会牺牲法治，以免任何“非人格化”的世俗力量阻碍这种“人格化”的神力，就会用具有神秘力量的“人格化”代表（如各种先知、领袖等）取代“非人格化”的法律和官僚机构；更重要的是，往往掌握了行政权力的“人格化”力量也会利用眼前的处境去积极创造需求，把人们面临的特定处境论证成为百年难见的状况，把自己说成是应运而生的、人们唯一可信赖的“真命天子”。此时，行政自由裁量在这种恶性循环中急剧膨胀，社会传统和法治不断遭受破坏就成了不可避免的趋势了。

第五节　自由裁量权与“中性政府”的幻象

在诸多关于良治政府的理念中，“中性政府”是其中重要的一种。但是，根据本章提出的寻租的一般理论，“中性政府”无疑是一个纯粹的幻象，是一个虚假的、包含着逻辑矛盾的概念。

所谓“中性政府”到底是一种怎样的政府呢？姚洋和贺大兴在相关论文中的表述是这样的：

> 中性政府（disinterested government）指的是政府对待社会各个集团采取不偏不倚的态度，不和任何一个集团结盟。中性政府是奥尔森所讲的泛利性组织（encompassing organization），这种组织的利益和整个社会的利益相重合；也就是说，中性政府追求的是整个社会的经济增长而不是增加它所代表或与之相结盟的特定集团的利益。（姚洋，2009）
>
> 中性政府指的是不与任何社会利益集团结盟且不被任何利益集团所俘获的政府。反之即为“有偏政府”。（贺大兴、姚洋，2009）或者说，对于一个政府，如果它对两个组织一视同仁，采取相同的征税和服务方案，则它就是一个中性政府；如果它采取不同的税收和服务方案，则它就是一个有偏政府。（贺大兴、姚洋，2009）
>
> 中性政府，指的是不长期偏向某个（些）社会群体的政府。中性政府不是对社会群体毫无兴趣，也不是在制定政策的时候不掺杂自己的利益诉求。相反，中性政府是自利的，也可能对社会群体采取掠夺性行为，只不过它的经济政策和群体的非生产性特性无关。换言之，它采取中性的态度，是它的策略选择的结果。由于它的中性选择，政府在制定政策的时候才可以不受社会利益集团的限制，放开手脚把资源分配给那些最具生产力的群体，从而促进经济增长。（贺大兴、姚洋，2011）
>
> 中性政府是相对于有偏政府而提出的概念。……中性政府是不与社会中任何利益集团结盟也不被任何利益集团所俘获的政府。它的中性是相对于社会而言的，而不是说它自己没有利益。对于经济增长而言，中性政府的优势在于，由于不受任何利益集团的羁绊，它的经济政策具有很高的包容性，资源配置不容易发生错配，因而比有偏政府更可能促进经济增长。（姚洋，2018）

维斯（Weiss）和霍布森（Hobson）在《国家与经济发展：一个比较及历史性的分析》一书中也提出了类似的思想：政府官僚与企业组织之间建立关系有助于推动国家的工业化和经济增长，但一个关键的前提是，官僚必须是“隔离性（或中立性）”的，即能够有效抵抗各种利益集团的短期压力诉求和利益诱使，稳定地执行有利于长期经济增长的政策的行政官僚系统。

从上述的定义来看，“中性政府”主要包含以下两个关键特征：第一，在政策实施上不“偏向”任何的利益团体，也就是对任意的利益团体都是“一视同仁”的；第二，政府是“自利”的理性经济人，即使其实施的是“中性”的政策，也是它最大化自身利益的结果。接下来，我们将根据“中性政府”定义中的上述两个关键特征，结合本章提出的寻租一般理论，来说明“中性政府”这一概念中包含的逻辑矛盾。

首先，假定政府并不是一个纯粹的法律执行者，而是在不完全的法律约束下的理性经济人，拥有一定的行政自由裁量权。政府拥有行政权力或行政自由裁量权，必然意味着政府拥有某种程度的对资产用途的控制权，不管这种资产名义上是属于政府所有还是私人所有；同时，拥有行政自由裁量权，也意味着政府被赋予一种权力，即在一定的范围内，可根据具体的客观条件来决定资产的最优用途。本章的理论说明，在完全契约的条件下，政府决定的资产最优用途与市场所决定的资产最优用途应是完全一致的；在不完全契约的条件下，若市场竞争机制的运行代价足够高，政府的决策就成为高代价市场竞争机制的一个替代。因此，正如私人行为及其对自身拥有资产的所有权不会是“中性”的一样，也没有什么理由认为政府的行政权力或行政自由裁量权的运用是“中性的”——这总是意味着剩余控制权及其租金的再配置，总是意味着社会中的一部分团体失去租金，另一部分团体获得或与政府分享租金，因此总是“有偏”的。

其次，假定政府只是一个纯粹的法律执行者。在这种状况下，政府始终如一地按照某种固定的规则，或依据某些给定的法律制度，来决定资源的用途。这个假定或许更接近姚洋教授描述的那个“中性政府”。但深究起来，这也有问题，因为即使政府没有丝毫的行政自由裁量空间，只是一个单纯的制度规则的执行者，那么从立法的层面来说，制度规则的选择也不会是“中性”的。这一点我们在本书第三章“广义立法权力的最优配置理论”中会理解得更加清楚。

要理解这一点并不容易，因为这牵涉到制度的抽象性问题。在完全契约的条件下，用固定的法律规则去约束政府，和赋予政府完全不受约束的行政自由裁量权，产生的结果是一样的，因为固定的法律规则可以制定得事无巨细、无比具体，使得完全按法律行事的政府和拥有完全行政自由裁量权的政府，都能选择资产的最优用途。但在交易成本大于零的现实世界里，契约是不完全的，这意味着法律规则必然是抽象的；它给出的不是一个事无巨细、无比具体的办事指引，而是一系列适用规则的要件，以决定将来采取某种决策和行动的时机，而这些要件总是无法涵盖所有正在发生或将要发生的现实细节。这时，一个纯粹的法律执行者的政府，就可以理解为一个按照规则的要件是否满足来决定自身应如何行事的主体。但在这种条件下，行政决策的“无偏”又意味着什么呢?按照“中性政府”的定义，一个“无偏的”行政决策似乎表示的是：政府不会根据法律规则之外的要件来选择和变更自身的行为。此时，整个矛盾的地方就凸显了出来：如果法律规则是具体的、非抽象的，那么一个“中性的”政府必然是“有偏的”，因为适用于法律规则的要件无比细致，所有能想到的现实细节都构成了影响行政决策的因素，不存在所谓“一视同仁”；如果法律规则是非具体的、抽象的，那么所谓的“中性政府”仅仅是对于法律规则之外的要件来说的，即政府决策对于这些法律规则之外的要件是“一视同仁”的，但对于在法律规则约定内的那些要件来说，政府绝不是“中性”的，因此，正是这些要件构成了法律规则执行的歧视性因素。举个简单的例子，“杀人者死”是一条法律，如果政府仅仅对“男性杀人者”处以死刑，那么就是“有偏”的，因为性别的要件并没有写入法律中；但如果将性别要件写入了法律之中，那么政府的行为就仍然是“中性”的。当然，反驳者可能会说，这法律规则本身就是“有偏的”，但问题是，只要一条法律规则是由一定的要件构成，就怎么可能不是“有偏的”呢?由此可见，即使政府只是按照某种固定的规则或依据某些给定的法律制度来决定资源的用途，也必然不是“中性政府”，更何况考虑到要件的描述可能是不完全的、政府因此拥有自由裁量权的场合。

“中性政府”一词或许包含着我们寄予了很多美好愿望的理念，但无论如何，“政府”这个概念本身就包含着“非中性”的含义。“中性政府”纯粹是一个幻象，如果不去审视其背后的经济行为机制，而仅仅将它视为一个概念接受下来，并用来粗暴地描述自己希望的那种“中性”，那么这个概念就是有百害而无一利的。总而言之，在“政府”前面加上“中性”一词，会引起一系列的逻辑矛盾。行政权力的运用或制度规则的选择，总是意味着赋予一方剩余控制权而剥夺另一方的剩余控制权，总是意味着没收一方的租金而将其授予另一方，也总是意味着允许和激励一种专用性投入行为而压制另一种专用性投入行为。而良治政府的构建，正意味着我们必须在不同的权利分配方案中进行选择。我们不应该把良治政府的实现寄希望于寻求所谓的“中性政府”，而是应该努力形成有效的机制去评估不同权利分配方案的收益和成本，这才是真正重要、也是困难的事情。强大、公正的国家确实很好，谁都希望拥有，但前提是我们能够清楚地计算它的收益，尤其是它的成本，否则它就只是一个幻象，毫无现实意义。

第六节　“合法化”的含义

本章的寻租一般理论也能为我们理解“合法化”的含义提供一些洞见。通常人们对一种行为的合法化的理解，是指公众（特别是对立法过程和结果具有影响力的集团）对特定行为的认可，这种行为受到法律和行政的保护。实际上，按本章的理论来看，所谓使一种行为合法化，并不只是观念上的承认或否认那么简单。在合法化前后，赞同这种行为的人也还是赞同这种行为，否定这种行为的人也仍然继续否定这种行为；唯一的区别在于租金的配置发生了改变。

一种行为被合法化之后，实施行为的一方以及赞同这种行为的人就可依靠法律和行政官僚机构来保护其租金；而反对这种行为的人，现在则必须依靠自身的投入来规避这种行为的影响。例如，当电视频道在一天的某个时段播放色情暴力等内容是“非法”行为时，家长就能主张行政机构对节目实施“封禁”以保护自家小孩不受影响，若行政机构不采取行动，完全有可能会被认为是行政不作为；但如果播放这些内容是“合法”行为，家长就必须自己采取行动，通过教育或禁止等方式，避免

孩子受到这些节目的影响。

综上所述，从经济学的角度来说，正如寻租是相互的那样，“合法化”和“管制”也都是具有相对性的概念，总是同时存在的，也总是一样事物的不同方面，都决定着剩余租金如何分配。因此，决定对一种行为实施合法化还是管制，真正重要的问题并不是这种行为本身的对错，而是我们应如何配置租金、应该容忍和激励怎样的专用性投资行为以及是否应该以行政力量来实施相应的权利。

第七节　外部性理论中的政府

除了以产权理论和寻租理论为基础之外，一种更为传统的政府边界观点是建立在外部性理论的基础上的。外部性理论，顾名思义，是以外部性现象的存在为理由，论证政府和国家干预的合理性。以鲍莫尔（Baumol）在《福利经济及国家理论》（2017）一书中的观点为例，作者认为，外部性的存在，诸如信息不对称、个体之间偏好和行为的相互影响以及公共产品问题等，都会导致社会边际成本与私人边际成本之间的分离，从而导致在私人行动下产生的实际产量偏离对社会总体而言最优的“理想产量”；当这种偏离的方向和大小能够被清楚地辨识时，政府的再分配政策就能够改善社会总体的处境。但作者也谨慎地指出，通常由于“理想产量”的衡量标准不一致、偏离“理想产量”的程度难以测度等困难，政府的介入往往会把市场弄得更糟。总的来说，以外部性为基础的政府和国家理论，试图将关于政府和国家作用的解释置于外部性及其纠正的基础上；政府和国家正是因纠正外部性而产生的。

即使过了近一百年的时间，以外部性为基础的政府和国家理论在如今仍大有市场，不仅在现代的论著中俯拾即是，而且还长期占据着权威微观经济学教材中重要的位置。但从新制度经济学的理论角度来看，外部性理论从根本上来说是错误的，因为它必须依赖于一些武断的判断。科斯（Coase）在《社会成本问题》（1960）一文中论证，外部性的作用是相互的，正如牛顿力学中力的作用是相互的那样，除非事先对权利进行了清楚的界定，否则根本无法判断到底是谁对谁施加了外部性的作用。用外部性理论的术语来说，假如缺乏事前的产权界定，即使“理想产量”有统一的衡量标准、偏离“理想产量”的程度也极容易测度，我们还是难以确定，私人边际成本对社会边际成本的偏离到底是由于谁对谁施加了外部性作用而产生的结果，因而无法确定应对谁征税，又应对谁进行补偿。而科斯指出，只要交易费用为零，在这种情况下，权利或外部性的责任如何界定是无关紧要的，因此，相应的不同“征税－补偿”方案也没法对最终的结果产生影响。所以说，外部性理论的运用，必然有赖于事先给出的权利界定方案，然而“权利如何界定”本身就是一个有待讨论的问题。

因此，从外部性的存在及其纠正出发探讨政府或国家的作用是错误的；应该从交易费用和权利界定的角度来探讨问题，唯有这样才能充分地说明政府和国家的作用及条件。更重要的是，单纯在外部性的基础上，我们无法说明为什么需要在市场中引入政府、国家等非市场的决定资产用途的机制，因为没有任何先验的规定认为必须依赖政府或国家等非市场机制来解决问题，即使是外部性理论也承认这一点。正如科斯定理（Coase，1959；1960）和本章的寻租一般理论所揭示的那样，在纠正所谓的“外部性”方面，市场机制或许做得一点儿也不比政府要差。在一个交易费用不为零的现实社会中，合约或产权界定总是不完全的（Hart，1995；Barzel，1997），因此，所谓的“外部性”也总会在某种程度上存在。用上述寻租的一般理论来解释，市场机制及其中的竞争性发现过程本身就是解决外部性问题的一个重要手段（Hayek，1945；Mises，2013）。市场竞争机制的实质——无论从新制度经济学还是奥地利学派经济学的角度来说——就是通过分散的私有产权激励人们运用分散的知识去发现资产的最优用途。在如此理解下的市场，不仅本身就是解决各种所谓的“外部性”问题的手段之一，而且没有什么理由武断地认为在纠正外部性方面，市场做得一定比政府要差，除非运用政府权力能带来更少的租金减损或生产专用性投资激励的更大削弱。因此，如果说只要存在外部性或相互影响就必须引入政府行政手段，那么按照这个逻辑推理，就是根本不需要市场的，因为很难想象存在一个人与人之间没有任何相互影响的社会。因此，真正重要的问题不是判断所谓的“外部性”，然后引入政府管制，而是判断那些无法明确写入合约的可

调整边际量是什么、不同权利界定方案的租金与交易费用的比例如何、那些难以通过明确的合约条款加以激励的专用性投资行为会如何变化等——总的来说，就是需要判断不同权利界定方案的收益和成本。由于这种收益和成本很少以清晰的货币价格显现，因此对其进行衡量通常是很困难的，需要无数种极为复杂的非价格机制运作，才能近似地实现。在后面的章节中，我们能更清楚地了解这一点。

第八节　论政府的公信力

本章已经证明了这样一个核心命题：在交易费用为零的完全契约条件下，无论是企业通过改善生产经营效率获得市场上的租金，还是政府通过行政保护帮助企业获取租金并向企业寻租，结果是一样的。这意味着当政府能清楚地掌握企业面临的市场需求条件以及满足这些需求所必要的全部生产经营细节时，政府就能对企业提出一份“完备的”合约，列明实现最优效率的所有资质条款，从而实施具有最优效率的管制。两者之所以存在效率上的不同，原因在于交易费用导致的契约不完全性。但即使是传统上一直由政府实施管制的领域，一旦社会公众认为政府未能在管制过程中对市场主体提出合适的资质条款，便有可能绕开行政权力自行采取措施，甚至可能的话，收回政府的相关行政权力进行重新分配。在这种情况下，我们就认为政府的公信力受到了损害。

在现实中，政府的权力及其公信力的范围是时常变化的。通常并不是所有的事务都严格地区分了哪种完全由政府管制，哪种完全由私人控制。在一些看起来是由私人控制的领域，实际上可能有很强的政府引导和管制作用在其中；在另一些看起来彻底由政府管制的领域，实际上可能由私人分散控制。要在每件事情上确定是由政府管制还是由私人控制，或者两者比例为多少，费用是高昂的。因此，在一些实际上很少出现的场合或价值很小的领域，并不会通过明确的法律来界定政府和私人的权力边界；但当这些情况出现时，就有可能导致政府和私人权力的冲突。处于行政权力扩张过程中的政府，往往就在这些场合将相关资产的控制权据为己有。

然而，政府扩张权力并非没有代价，一方面，正如传统理论所说，这会面临高昂的立法和谈判费用；另一方面，则会面临越来越高的公信力缺失风险。政府行政权力能触及的范围（政府边界）和政府调配资源的能力（政府能力）似乎没有什么直接的关系。当政府行政权力能触及的范围无限扩大时，政府的公信力缺失风险也会随之急剧膨胀。一旦出现闪失，便可能危及传统上一直由政府有效履行的职能，这将损害政府控制资源的能力。因此，只要政府能够将权力保持在适当的范围，反而就可能增进其公信力。这样一来，当原先没有法律确定该由谁来控制资源的情况出现时，政府反而可能凭借其巨大的公信力取得资源的控制权力，从而影响社会利益的分配，实现自己的目标。

第九节　集体行动问题的再探讨

奥尔森在《集体行动的逻辑》（2011）一书中指出，从集体行动的角度看，寻求竞争性市场中的租金和寻求政府保护的租金，具有“惊人的一致性”，因为不论是哪个目标，都面临着相同的集体行动困难：

> 在一个小集团中，一个成员可以获得总收益中很大的一部分，即使他个人承担全部的成本，比起没有这一物品时他仍能获得更多的好处，这时可以假设集体物品会被提供。在一个集团中，如果一个成员从集体物品中获得的利益不足以使他有兴趣独立承担提供这一物品的成本，但对整个集体来说，这一个体仍很重要，他参加或不参加实现集团目标的努力对集团中其他人的成本或利益有显著影响，这时结果就是不确定的。与此相反，在一个大集团中，没有某个人的贡献会对集团整体产生很大影响或对集团中任何一个成员的负担或收益产生很大的影响，那么可以肯定地说，除非存在着强制或外界因素引导大集团的成员为实现他们的共同利益而奋斗，不然集体物品不会被提供。[①]

---

① ［美］奥尔森：《集体行动的逻辑》，陈郁等译，格致出版社、上海三联书店、上海人民出版社2011年版，第36－37页。

不妨用本章的寻租一般理论重新探讨一下集团规模与有效集体行动之间的关系。根据本章的理论，在完全契约的条件下，行政权力的寻租不改变经济效率，仅改变租金的配置。但当完全契约条件不成立、寻租涉及集体行动问题时，该结论就不一定成立了：若一方组织集体行动的成本低于另一方，那么成本较低的一方就有可能实现寻租的目标。但“集体行动问题”在其中意味着什么呢？如果个人在集体行动中的边际收益和边际成本都是清晰可辨的，那么集体行动就不应构成一个问题；相反，如果个人在集体行动中的边际收益和边际成本并不清晰可辨，两者出现不对等，那么集体行动就构成问题了。用本章的理论换个角度看，这实质上意味着寻租行为在集体内部发生，即集体中的一员试图通过损害集体中的其他人的利益来获取租金收益，这跟发生在集体外部的、对行政权力的寻租行为是一模一样的，都试图通过某种行为占取他人的租金收益。这种行为通常也被称作“搭便车”行为。然而，根据本章的理论，如果这种寻租行为获得的租金收益无法完全抵偿另一方的租金减损，由于寻租是相互的，那么受损一方就愿意支付更大的租金额，以阻止这种侵害。如果契约是完全的，或者说在交易成本极低的情况下，这种侵害行为不会获得成功，拥有管制权力者自然会阻止这一侵害，以换取受损一方愿意支付更大的租金额。这意味着，当受损一方愿意支付更大的租金额以避免侵害时，就产生了利润空间；只要这一利益是清晰可见的，有行政管理能力的人或团体自然就会乐于做“这笔生意”，就像投机的企业家填补了私人物品市场上的利润空间一样，投机的“官僚”或“政治家”也会去填补公共物品市场的利润空间，去组织起有利可图的集体行动。当然，这些有行政管理能力的人或团体，通常属于相对意义上的小集团，相对来说也因此能采取更有效的集体行动；但与其说这是一种强制，倒不如说更像是自愿，因为这和私人物品在市场上的交换并没有本质上的区别。再说，这些小集团的“强制”也不是任意的，一旦超出利润空间的范围，就会损害更大范围集体的利益。因此，“集团规模”与“有效的集体行动”之间的反向联系并不是必然的。按上述的分析，即使是在谈判费用高昂的大集团中，理论上也完全有可能自发产生能采取有效集体行动的小集团——只要较低的交易费用使得公共物品市场上的利润空间足够清晰可见，且对小集团的支付足以令其承受相对较高的“征税”成本和行政管理成本。如果说“集团规模”会与“集体行动的有效性”之间产生反向联系，那前者也必然是通过影响征税等限制措施的实施成本以及行政管理成本来实现的——对于规模较大的集团来说，评估每个成员在集体行动中的“收益－成本”，并以此为根据采取征税等限制措施，会较为困难。

我们该如何来理解奥尔森教授所谓的“强制”呢？根据集体行动理论，奥尔森教授实际上提出了自己的“政府最优边界理论”。在该理论中，奥尔森教授正是从“有效集体行动的强制性”来理解政府的功能与边界的：

> 一些物品和服务的性质决定了如果集团中有人得到了它们，那么相关集团中的所有成员都可以得到它们。这类服务的国有性质决定了它们不适合市场机制，而且只有当每个人都被迫承担一定成本时才能被生产出来。显然许多政府服务都属于这一类型。因此它们限制了自由。它们用暴力支持的集体决策代替了个人自由做出的规定。不在一定程度上减少全体公民的经济自由，不增税进而不造成个人消费自由的减少，就不可能进行投资以增强国防力量、警察力量和法律系统。……结论是，当政府提供集体物品和服务时，它会限制经济自由；当它生产一般由私人企业提供的非集体物品时，它不一定限制经济自由。①

通常来说，公共物品和服务的提供是政府通过向公民摊派纳税义务实现的。人们只要是公共物品和服务的潜在享受者，那么他们就不拥有选择是否交税的权利；但在私人物品和服务的市场上，消费者可以选择不买。奥尔森教授所谓的“强制”或政府“限制经济自由”，似乎是从这个角度来说的。事实上，在一般市场交换中，就任何已承诺的交易或已达成的契约来说，一方对另一方的义务总是“强制性”的。但如果从这

---

① ［美］奥尔森：《集体行动的逻辑》，陈郁等译，格致出版社、上海三联书店、上海人民出版社2011年版，第103－104页。

个意义上来理解“强制”或“限制经济自由”，这一概念就已经被一般化到失去了意义的地步。回到上面的例子中，当人们选择了政府并就公共物品和服务的供给达成契约之后，征税就是政府的权力同时是潜在受益人的义务。这种强制其实和一般市场交换中的“强制”没有本质区别。唯一的重要区别在于：在一般的私人产品市场上，人们选择的是商品而非直接选择商品的供给者；在公共产品市场上却完全不同，人们通常选择的是政府或官僚，然后赋予其一定的、提供公共产品和服务的自由裁量权，因为就每项公共产品和服务的供给运用集体决策机制，交易费用过高。政府及其官僚仅仅在其合法的自由裁量权运用范围内，对纳税人是“强制”的；若从更高的层面看纳税人对政府及其官僚的选择。纳税人则又是“经济自由”的，在民主制国家中甚至还是行政官僚机构的最终领导者。因此，用“强制”与否来区分政府与市场是不恰当的；政府和市场都属于交易的范畴，只是在交易费用约束下采取了不同的形式而已。

第十节　本章小结

本章探讨了行政权力引致的管制与寻租对经济效率的影响，以及政府的功能、政府的最优边界等延伸问题。本章运用科斯定理和不完全契约理论，将传统的寻租理论扩展到更一般的情形；该理论框架不仅能同时涵盖传统的“有害论”和“有益论”两种观点，而且指明了两种观点之间相互转变的局限条件，并用数理方法加以证明。

本章证明了以下两个核心命题：第一，在交易费用为零的完全契约条件下，无论是企业通过改善生产经营效率获得市场上的租金，还是政府通过行政保护帮助企业获取租金并向企业寻租，结果是一样的，因为以租金最大化为目标的政府，在寻租过程中会向企业提出寻租条款，而这些条款必然恰好就是企业在竞争条件下为获得最大市场收益所须满足的条款；第二，在交易费用非零的不完全契约条件下，若存在无法合约化的生产专用性投资，那么相比完全契约的状况，寻租会导致较低的生产专用性投资，因成本降低而导致的产出增加量也会随之减少。因此，政府管制和寻租对市场是有消极作用还是积极作用，取决于政府是否难以掌握相关生产经营技术细节，以及行政权力是否会导致企业生产专用性投资的过度减少。

作为科斯定理的扩展形式，本章提出的关于寻租的一般理论，实际上也是理解政府功能、政府与市场关系、政府公信力的作用，以及政府最优边界等问题的基准理论，同时也是本书后续各种理论的最简单、最一般的形式。

第三章　广义立法权力的最优配置理论[①]

本章试图回答的核心问题是：谁应该拥有决定制度规则的权力？什么因素影响着这种权力的配置？如何配置决定制度规则的权力，才能够得到与社会利益相一致的制度规则？本研究将基于科斯定理（Coase，1960）对传统的理论进行扩展，以回答这些问题。目前已有大量的研究尝试对这些问题提供答案和解释，但研究现状不尽如人意。现有理论多少假定了决定制度规则的权力得到了某种形式的分配，甚至直接绕开了这些问题。这就是为什么新制度经济学在讨论这一问题时，会出现各种庞杂的，甚至是相互冲突的解释。实际上，决定制度规则的权力作为资产剩余控制权的重要构成，要比制度规则本身的性质更根本地决定着制度规则的经济绩效；唯有分配好这一权力，才能最终保证社会中使各类资产获得最大价值的制度规则被选择出来。因此没有理由忽视这些问题。不妨说，正是制度规则决定权力的配置，决定了制度是否与社会利益保持一致。本章尝试基于科斯定理，为解释制度规则决定权力的配置及其效率发生转变的条件提供一个简洁、一致的理论框架。

为了避免不必要的误解，需要说明的是，本书所讨论的立法权力是指从经济学角度理解的、最宽泛意义上的立法权力，而非单纯在政治学、法律学意义上由宪法和立法法规定的那种狭义的立法权。所谓广义的立法权力，即一般性地指决定使用何种制度规则的权力；而制度规则则一般性地指约束个人行为的“抽象规则”（Hayek，1945），既包括正式的法律、政府规章，也包括非正式的习俗和社会规范等（Posner，2004）。因

---

① 参阅黄晓光、黎天元《谁来制定规则：一个广义上的立法权力最优配置理论》，载《制度经济学研究》2021 年第 2 期，第 14－45 页。

此，如无特殊说明，后文中使用的“广义立法权力”和“制度规则决定权力”两个概念是完全等价的。

通过科斯定理和数理模型，本章的研究证明了以下的命题：假定制度规则的制定和执行成本为零且允许人们以零交易费用相互进行交易，那么不论资产归谁所有，只要制度规则变化对资产价值的边际影响极容易测量，那么制度规则由谁来制定、以何种方式制定，实际上是无关紧要的，都能得到使资产价值最大化的制度规则；当假定不再成立时，决定制度规则的权力，就应该赋予对制度规则变化带来的资产价值变化最敏感的一方，以及具有最低制定成本和执行成本的一方。本文所得的命题结论和科斯定理具有形式上的严格一致性，因此可视为科斯定理的一个扩展形式。通俗来说，这一命题意味着：给定其他条件不变，如果受制度规则变化影响的资产广泛地分布在个人和私人企业手中，且政府很难衡量资产价值因制度变化导致的边际变动，那么，将决定使用何种制度规则的权力赋予公众，同时使政府转变成“中立”的规则执行人，就会是有效率的；相反，如果受制度规则变化影响的资产绝大部分垄断在政府手中，且政府对制度规则变化带来的资产价值变化是敏感的，那么，由政府来制定制度规则，就可能是有效率的，尽管这一效率增益往往无法弥补私人部门生产专用性投资激励削弱带来的损失。从这个角度来说，广义立法权力的最优配置，与社会的资产所有权结构密切相关。

本文的分析始于现实中观察到的两方面现象。

（1）制度规则会影响资产的价值（Barzel，1997；Soto，2007）。从产权的角度来说，资产意味着一系列具有经济价值的权利的集合。但由于存在交易费用，并不是任意一项附在资产上的权利都能够在市场上被分离并单独定价。因交易费用而无法分离定价的权利价值，就会作为租金在交易各方的竞争中消散掉，直至可获边际租金等于边际竞租投入（Barzel，1997）。不同制度规则之所以具有经济价值，原因就在于在不同的制度规则之下，交易费用水平以及租金的消散程度会有所不同。交易费用的存在是制度规则影响经济效率的基石。一条没有交通规则的公路与一条拥有良好交通规则的公路相比，即使在其他方面毫无二致，其价值也会具有巨大的差异；一个允许随意停车或乱抛垃圾的公园与一个禁止这些行为的公园相比，其价值也可能会低得多。简单来说，制度规则与市场价格都对附着于资产上的权利进行了界定和“定价”，决定制度规则的权力也是资产剩余控制权的一种，只是在交易费用的约束下，两者表现为不同的形式。

第二，决定使用何种制度规则的权力配置，在不同的条件下会有明显的差异。例如，一款网络游戏的不同玩家通常会相互影响，而其游戏规则通常直接由厂商方面单独决定和执行，很少见消费者会组成类似于“立法机构”的组织，耗时耗力地去讨论和选择游戏规则。实际上有理由预期厂商会提供并维持良好的游戏规则，并且积极通过调查网络社区了解消费者的意见，否则玩家持续付费的激励减弱以及向竞争者的转移，会使企业的资产价值大幅萎缩。类似的现象实际上在充满竞争的市场中随处可见：即使两个厂商向消费者提供的产品从物理意义上看并无差异，但两者向其消费者群体“搭售”的规则可能差异巨大。换句话说，在市场竞争下，由于买家之间可能存在相互影响，因此，不同制度规则为买家带来的收益就会反映在厂商出售的资产价值上，这意味着厂商对制度规则带来的边际收益变化是“敏感”的，其产品价格往往包含了制度规则的价值（Barzel，1997）。但是，在竞争性市场之外的其他领域，像刑法、民法和税法等对社会经济具有巨大影响的制度规则，现代国家一般都会在立法机关大费周章地通过严格的立法程序制定出来，而非单纯交给政府任意决定。不过必须注意的是，政府在某种程度上确实与市场中的厂商相类似，其收益也会随着良好制度规则导致的经济增长而提高（Olson，2005；Soto，2007），虽然诺斯悖论（North，1992）告诉我们，政府往往也未能形成良好的制度规则以释放国家的所有增长潜力。本章将为解释上述的现象，提出一个简洁的、一致的理论框架。

第一节　几种传统的理论

目前已有大量的研究，如制度形成和变迁理论以及国家理论等，都在理论或实证上研究了这样一个问题：制度规则的形成和变迁可能会与社会的利益不一致，原因是什么？应如何促进两者之间的一致性？

本章的写作初衷并非要提出一种更完善的国家理论，一开始也没打算涉及国家理论的内容，说明这一点非常重要，因为这涉及本章提出的理论到底与谁、与什么观点进行“对话”的问题。一般来说，国家理论关注的是国家的起源以及国家的最优形式，而本章要研究的是政府或国家制定规则的权力在什么条件下与社会公共利益保持一致，在什么条件下又与社会公共利益相悖；研究的目标是要找出这些条件，并说明如何配置这些事关重大的权力，才能够使得与社会公共利益相一致的制度规则被选择出来——这些问题往往是在“国家理论”的名义下被研究的。不管怎么说，相比有着悠久历史的国家理论来说，本章试图研究的内容要狭隘得多。因此，本节尽可能从最相关的角度选择并细致地概括了部分理论，以便从中看出，本章在多大程度上立足于这些理论传统，又在多大程度上弥补了其不足之处。

（一）诺斯：交易费用与“有组织的暴力”

诺斯（North，1992）认为，现实中实际运行的制度规则未必与社会利益完全一致，原因就在于作为立法者的“国家”具有租金最大化和产出最大化两个有冲突的目标，而实际运行的制度规则可能只是这两个有冲突的目标在交易费用约束下产生的折中结果；只有当国家的统治者与社会之间具有较大的“共容利益”（encompassing interest）[①] 时，两者的

---

① 奥尔森为分析制度规则与社会利益之间的一致性问题，使用了“流寇”和“固定匪帮”的概念。在奥尔森的理论中，“流寇”式政府纯粹以掠夺为生，“固定匪帮”式政府由于以固定的抽税为生，因此与纳税人形成“共容利益”（encompassing interest），就会提供商业保护以及其他公共财货，从市场的繁荣中获得更多保护税收益，从而演化为固定的专制统治者。但是专制行为经常使得税制偏离正义性，并且赋予自身不合理的公共支出责任，因此立法机构得以形成，成为形成有效税制的方式，进一步促进市场的繁荣。因此，固定的匪帮、专制者以及民主政府都不是靠好心运作的，而是靠“共容利益”的激励运作的，与一般市场中的个人一样，都受着“看不见的手”的影响。“共容利益越大，也就是说将全部所得相加所获得的国民收入份额越大，那么从偏向于自己的再分配中所带来的社会损失就越少。……一个专制者从投在公共物品供应中所获得的收益会一直到他在互惠性的税率下投在公共物品供应上的最后一美元会增加国民收入为止。”（参阅［美］奥尔森《权力与繁荣》，苏长和、嵇飞译，上海人民出版社2005年版，第14页）

利益和目标才会达成一致。这就是著名的诺斯悖论。

诺斯（1992）认为，国家提供的基本服务具有两个目标：“一个目标是规定竞争和合作的基本规则，以便为统治者的所得租金最大化提供一个产权结构（即规定要素和产品市场的所有权结构）；另一个目标是在第一个目标的框架内，减少交易费用，以便促进社会产出的最大化，从而增加国家的税收。”① 在诺斯的国家理论中，产权制度由一个称为“国家”的主体提供。国家提供产权制度，其第一个目标是形成租金最大化的产权结构，第二个目标则是形成税收最大化的产权结构。在交易费用为零的条件下，这两个目标是完全一致的。然而，由于现实中存在正的交易费用，这两个目标之间往往会产生冲突。具体来说，即：税收最大化的产权结构往往需要支付较高的交易费用（如计征和检查税收的费用），而较高的交易费用可能会使得统治者在税收最大化产权结构下的岁入低于租金最大化产权结构下的收入。② 这就导致了两者的分离。简单来说，可归纳为以下命题：第一，在既定的产权结构下，统治者会降低交易费用以增加可获租金；第二，不同产权结构的交易费用有其最低的限度，因此统治者会选择最低交易费用限度下可获租金最大化的产权结构。因此，“专业化增益和专业化费用之间不断发展的紧张关系，不仅是经济史上结构和变革的基本原因，而且是现代政治经济绩效问题的核心”③。

基于上述的理论框架，诺斯提出了制度变迁的理论，一种产权结构向另一种产权结构的变迁的诱因在于两个方面：第一，新产权结构收益提高导致统治者可获租金提高；第二，新产权结构运行的交易费用降低

① ［美］诺斯：《经济史上的结构和变革》，厉以平译，商务印书馆1992年版，第29页。

② 相近的观点还可见诺斯在《制度、制度变迁与经济绩效》一书中关于“无效产权及其存在原因”的分析。诺斯指出，“这些无效性之所以会存在，可能是由于统治者没有强有力的选民与之作对，这种力量如果存在，就会通过实施有效的规则来反对统治者的利益。这也可能是由于监督、计量及征税的成本非常高，通过不甚有效的产权所获得的税收比有效产权时更多”。

③ ［美］诺斯：《经济史上的结构和变革》，厉以平译，商务印书馆1992年版，第236页。

导致统治者可获租金提高。诺斯认为，由于制度的变迁存在交易费用，尤其是“白搭车”问题，因此，在向有利于市场和被统治者的产权结构变迁过程中，会存在一定的滞后或停滞，制度变迁会表现为制度规则和社会利益之间一致和冲突的交替变化。

诺斯的国家理论尽管解释了为什么制度规则是重要的，并且解释了决定使用哪种制度规则的权力具有经济意义，对社会经济效率会产生重要的影响，但是，在诺斯的理论中，“国家”是一个神秘的立法主体，拥有决定制度规则的权力，拥有广义上的“立法权力”，并未解释该权力配置的经济效率。此外，在诺斯的国家理论中，“国家”还是一个制度规则的第三方强制实施者。诺斯认为，在一个小型的社会当中，由于合约各方十分接近，于是契约的执行无须专门的执法和司法机构来负责，仅依靠人们自发的相互约束就能够使得契约履行。然而，在一个大型的社会中，制度规则同时对很多人施加约束，那么监督人们是否履行规则就具有极高的交易费用，此时建立政府和司法机构来专业化执法和司法，就是经济的。因此，“国家”本质上还是监督和保证契约履行的第三方。但至此，诺斯也只是解释了为什么作为立法者的“国家”所追求的利益及其选择的制度规则会与社会利益存在不一致，至于广义的立法权力在“国家”中的不同配置方式以及这些不同配置方式会产生的经济影响，则尚未论及。而本章的研究结论表明，广义的立法权力的不同配置方式及其产生的经济影响，正是制度规则与社会利益之间一致或冲突的微观机制。

在后来的研究中，诺斯等（2013）试图摆脱将国家视为一个神秘立法主体所导致的困境，从暴力控制的角度来理解制度规则及其决定权力的分配所产生的影响。诺斯等认为，过往的理论将“国家”理解为一个“单独行动的代理人”，其目标可能是税收收入或社会福利最大化。实际上，“国家”并非一个单独行动的个体，而是拥有权力的多个个体相互之间通过讨价还价、设立制度来限制暴力运用而产生的结果。因此，理解“国家”的关键就在于理解拥有权力的多个个体之间的互动过程。经济学家的进路无法成功的原因是他忽视了自然国家的逻辑，自然国家是给予能够使用暴力的个人和群体一个合作激励来执行权利限制政策，从而处理暴力问题的，不是简单地最大化统治精英的收益。[①] 因此，制度规则实质上是对暴力的限制，决定了“有组织的暴力”的形式。

在这种对制度的解释的基础上，诺斯等（2013）根据不同制度下“有组织的暴力”的不同形式，将人类社会分成三种类型，分别是原始社会觅食秩序、自然国家（或权利限制秩序）以及权利开放国家（或权利开放秩序）。自然国家本质上是人际化的关系，通过拥有各种特权的成员组成支配联盟来控制暴力的使用，通过支配联盟操纵经济系统来产生租金，从而确保政治秩序的安全；[②] 相反，权利开放国家与自然国家不同，权利开放国家支持了大量“非人际关系化”组织的运作，用抽象的制度规则来约束设租与获租行为。对于自然国家，“诺斯悖论”在其中的存在

---

① 参阅［美］诺斯、瓦利斯、温格斯特《暴力与社会秩序：诠释有文字记载的人类历史的一个概念性框架》，杭行、王亮译，格致出版社、上海三联书店、上海人民出版 2013 年版，第 349 页。

② 关于自然国家的形成，诺斯等论述道，“自然国家通过形成支配联盟来减少地方性暴力，支配联盟由拥有各种特权的成员组成。自然国家的逻辑源于其处理暴力问题的方式。精英——支配联盟的成员——同意相互尊重特权，包括产权，以及获取资源、参与活动的权利。通过将这些特权限制在支配联盟的成员的范围内，精英们之间相互合作而不是相互斗争的可靠的激励便产生了。因为精英们知道，暴力只会降低他们的租金，故而他们有不斗争的激励。这样，自然国家的政治系统就通过操纵经济系统来产生租金，来保证政治秩序的安全。”（同①，第 22 页）“自然国家的本质是人际化的关系。”（同①，第 84 页）“由于支配联盟中的精英的地位、特权和租金的获得依赖于现存政权实施的‘限制进入’，因此，所有的精英都有支持和帮助维持联盟的动力。因为一旦失败，就将面临暴力、无序和租金散失的风险。”（同①，第 24 页）自然国家可分为三种类型，“脆弱的自然国家除了国家本身，什么组织也支持不了；初级的自然国家可以支持组织，但必须是在国家的框架内；成熟的自然国家可以支持很多种类的、不在国家直接控制之下的精英组织。在自然国家，支持组织——为人类互动提供结构——的能力，是经济与政治发展的重要的决定性因素。”（同①，第 26 – 27 页）

会降低其经济绩效①，只有向权利开放国家转变，才能够有效释放经济增长和社会进步的潜力，实现对各种“创造性毁灭”的适应性②。诺斯等（2013）指出，要实现自然国家向权利开放国家的转变，需要满足三个“门阶条件”（doorstep condition），分别是：对精英的法治；永久性的、公共的或私人的精英组织，包括国家本身；对军队的统一政治控制。这意味着，从自然国家向权利开放国家的转变、从政府或支配联盟垄断的立法秩序向社会参与的开放的立法秩序转化，能够使暴力得到更为有组织的控制，创造出社会经济对动态变化的更强的适应性，从而有效地释放经济增长和社会进步的潜力。简单来说，即能够使得制度规则与社会利益之间产生更高度的一致性。但这种多少带有“历史决定论”和特定意识形态色彩的理论，仍缺乏与传统经济理论相一致的微观经济解释。

---

① “对自然国家而言，社会规模的扩大带来了第三个问题，一个起因于机会的问题，即自然国家到底要不要促进劳动的专业化和分工？增进贸易和推进劳动的专业化和分工能使生产力提高，精英们的剩余增加，从而使自然国家的联盟有推进贸易的激励。然而，要增强劳动的专业化和分工，常常需要开放进入和开放权利，这又会使租金消散从而威胁到支配联盟的稳定。”（［美］诺斯、瓦利斯、温格斯特《暴力与社会秩序：诠释有文字记载的人类历史的一个概念性框架》，杭行、王亮译，格致出版社、上海三联书店、上海人民出版社2013年版，第53页）“一切自然国家都面对同一个难题，即如何通过给予精英个人和组织以经济和政治上的激励来使他们相互合作，继而维持支配联盟。”（同上书，第83页）

② “权利开放秩序通过竞争以及权利开放来防止无序。对暴力的统一的、政治的控制，与控制暴力的使用的规则结合在一起，来减少和控制暴力的来源。”（同①，第156页）权利开放秩序能够有效接受并利用“创造性毁灭”（creative destruction），而“自然国家无法支持创造性毁灭，因为新经济组织的创建将直接威胁到现有的经济组织以及它们的租金模式”。（同①，第158页）此外，权利开放秩序中经济和政治的独立性也是这种秩序比自然国家更加适应动态变化的社会的原因。“政治与经济系统在权利开放秩序中看似独立的关系，也解释了为何权利开放秩序表现出比自然国家高得多的适应性效率。经济安排可以在很大程度上独立于政治安排而单独进行调整，这使得权利开放社会在面对动态变化时要灵活得多。由于权利开放秩序成功地控制了暴力，所以政治和经济的日常决策不必在暴力的阴影之下进行。”（同①，第201页）

（二）诺齐克：“最低限度国家”

诺齐克（Nozick）在《无政府、国家和乌托邦》（2008）一书中提出的“最低限度国家理论”是颇为独特的国家理论学说。作者在书中论证了“最低限度国家”恰好就是古典自由主义中的“守夜人”国家，这一理想的国家产生于一个自发的过程，任何比“最低限度国家”更多功能的国家都会对他人构成侵害。与在本节提及的其他国家理论相类似，诺齐克的理论也回答了这样的两个问题：什么是政府或国家的最优边界？怎样的政府或国家才会对整个社会来说是有益的？关于第二个问题的回答是否是诺齐克写作此书的本意，笔者不太确定，因为作者一开始就强调了“最低限度国家”并非建立在功利主义观念之上；作者认为权利具有首要性，权利是界限性的道德约束，而不是直接追求的行为目的。因此，用是否最大限度地对社会“有益”来考察“最低限度国家”的功能，似乎偏离了作者的本意。但笔者仍然认为，作者将“权利”置于首要的位置反映了他关于“何为社会利益”的一种价值判断，因此，不妨说“最低限度国家理论”也对第二个问题做出了回答。这么认为有助于我们将该理论与其他竞争性的学说置于平等的地位，以充分考察它们对于本章感兴趣的那些问题来说，是如何以自身的独特方法和视角给出答案的。

诺齐克从“权利的界定与赔偿”而非“社会利益最大化”出发来追溯并解释政府和国家的形成。诺齐克提出，国家的出现并非任何理性设计的结果，更不是某个人为的契约的结果，而是在自发秩序的生成过程中自然地产生的。“最低限度国家”正可从这样一个类似于市场机制的自发过程中逐步形成，整个过程包括“自然状态—保护性社团—支配的保护性社团—超低限度国家—最低限度国家”。在这个过程中产生的国家是符合道德的，没有侵犯任何人的权利，因而可视为最理想的国家。接下来概述这一过程中各个阶段的具体内容。

（1）自然状态。自然状态似乎是指这样一种状态，其中每个人自行其是，但是处于最优的自由状态之中，因而它是作为制度规则的最优标准而存在的。自然状态可视为一种理性的均衡状态，就像价格理论中的均衡点一样。但是自然状态是不稳定的，因为其中每个人都自行其是并各自独立执行“自然法”，极容易导致惩罚过当或暴力侵害，从而导致对自然状态的偏离。

（2）保护性社团。为了避免自然状态的偏离以及其中的各种侵害，首先可能形成的是保护性社团，即由一定数量的个人组成的互相提供保护的社团。社团不仅要通过一定方式解决内部成员之间的争斗，也要合理处理社团内部成员与其他社团成员或其他无社团独立个人之间的冲突，既要使社团成员得到充分的保护，从而维持社团成员的团结，也要避免卷入好挑事成员惹来的麻烦中。然而，这种保护性社团为了避免卷入与其他保护性社团的无休止对抗中，在不禁止内部成员对来自社团外部的侵犯进行报复的状况下，将不会对内部成员因报复行为而导致的反报复提供保护。因此，保护性社团内部的规则及其审判仅限于社团内部。除非一开始就允许私人报复或集体报复，并为这种保护行为提供共同防卫。①

（3）支配的保护性社团。由于保护性社团之间无休止的冲突和因暴力自行“社团”正义所导致的过当惩罚和侵害，不同社团之间可能会形成相应的约束规则并寻求中立的第三方作为裁决者以减缓冲突。这也就是说，不同私人保护性社团之间的冲突，可通过在不同的保护性社团之间形成共同规则和审判机构来得到解决，并在不同的保护性社团之间强制实行由这种共同规则所确定的正义。这种受约束的社团就称为支配的保护性社团。②

但是，支配的保护性社团还不是国家。原因在于它允许在其区域内不参与任何支配的保护性社团的独立人私自强制实行自己的权利，同时，也不对独立人提供任何的共同防卫。而“一个国家存在的必要条件是它（某个人或某个组织）宣布，它将尽其所能地（考虑这样做的代价、可行性以及它应该做的更重要的其他事情等等）惩罚所发现的、未经其明确

---

① 参阅［美］诺齐克《无政府、国家和乌托邦》，姚大志译，中国社会科学出版社2008年版，第13－18页。

② 同①，第18－21页。

允许而使用了强力的任何人"[①]。"它对该地域内的强力使用拥有必需的垄断权，以及它保护该地域内所有人的权利，即使这种普遍的保护只能以一种'再分配的'方式来提供。"[②] 因此，从定义来看，国家与保护性社团的区别在于：第一，保护性社团并没有做出上述这种垄断性的宣布，因而缺乏垄断性因素；第二，保护性社团仅仅对缴纳了保护费的个人提供保护，而国家则是在纳税人的支撑下，对一定区域内的所有人提供保护，并且垄断施行强力的权利。因此，国家必定意味着某种形式的再分配，必定是某些人付了更多的钱以使得并未付钱的人得到保护。

（4）超低限度国家。超低限度国家（ultra-minimal state）指的是"除了必要的当即自卫以外，超低限度的国家保持着对所有强力使用的垄断权，从而排除了私人（或机构）对侵害进行报复和索取赔偿。但是，它只向那些购买了它的保护和强制保险的人提供保护和强制服务。没有向这个垄断机构付钱以得到保护契约的人们则得不到保护。"[③] 超低限度国家的特征在于，强制性地要求独立人——即希望自行正义而不诉求与保护性团体审判的人——也必须接受支配的保护性社团的共同规则。由于独立人并没有支付赋税，因此当其受到侵害时，不能得到社团的共同规则的保护，即独立人不能通过共同的规则、运用公共机构来保护自己，但同时，他的自行正义行为将受到社团共同规则的限制。这意味着，如果要在此过程中使权利不受侵害，那么就必须对这一强制进行补偿，于是产生了具有一定再分配含义的最低限度国家。

（5）最低限度国家。最低限度国家（minimal state）即传统的古典"守夜人"国家。如前所述，不管其领域内的个人是否购买了这种保险，国家对强制始终具有垄断力，并按赔偿原则对受强制者进行赔偿，这是其与超低限度国家之间的区别。因此，若只具有垄断性而不具有再分配

---

① ［美］诺齐克《无政府、国家和乌托邦》，姚大志译，中国社会科学出版社2008年版，第29－30页。

② 同①，第134页。

③ 同①，第32页。

性，那么就只是超低限度国家；若同时具有两者，且再分配性以赔偿原则[①]进行，那么就是最低限度国家。这意味着最低限度国家具有一种再分配性质，但是，我们“可能找到非再分配的理由来证明某些人为另外一些人提供保护性服务是正当的”，从而使其理由不再具有再分配性质。但是，这种最低限度的转移支付是否会导致所有人试图逃离保护性社团成为独立者，以获得免费的保护性服务？诺齐克的回答是：不会。因为对于某个独立人来说，保护性社团所提供的这种保护性赔偿，仅限于禁止委托人以“自助的强行”来对待独立人，但是当这种自助的强行来自另一个独立人时，该独立人是得不到保护的。因此，越多人逃离社团成为独立人，那么独立人所面临的危险就会越大。当来自独立人的威胁足够大的时候，近乎所有的人都是会加入保护性社团的。[②]

至此，诺齐克论证了“最低限度国家”是怎样从“自然状态”中逐渐产生的；国家的出现并非任何理性设计的结果，更不是某个人为的契约的结果，而是在自发过程中自然地产生的。在“最低限度国家”产生的整个过程中，权利的赔偿原则和资格原则[③]都没有被违反，因此没有任何的权利被侵害；任何超出“最低限度国家”的更多国家功能，都意味着存在侵害权利的再分配行为。

---

① “为了获得可接受的赔偿原则，我们必须界定权利要求所覆盖的行为种类。某些类型的行为是非常普遍的，在人们的生活中扮演了重要的角色，禁止一个人从事这样的行为就是使他遭受很大的损失。一种原则可以是这样的：或者因其可能给别人带来伤害，或者因他做时具有很大的危险，当对某些人禁止这种类型行为的时候，那么这些实行禁止以增加自己安全的人必须为他们给被禁止的人所造成的损失而对他进行赔偿。”（[美] 诺齐克《无政府、国家和乌托邦》，姚大志译，中国社会科学出版社 2008 年版，第 97－98 页）

② 同①，第 133－134 页。

③ 持有正义必须满足三个条件：第一，个人获得持有物依据获取的正义原则，从而个人对该持有物是有资格的；第二，个人通过他人转让而获得持有物依据转让的正义原则，从而个人对该持有物是有资格的；第三，任何通过非获取以及转让正义原则获得持有物，都是无资格的。分配的资格理论是历史原则的，而非目的－结果原则的；前者强调获得某种分配格局的过程的正义性，后者强调分配格局最终表现的正义性。（同①，第 179－278 页）

总的来看，笔者认为本章提出的理论与诺齐克的“最低限度国家理论”相比较，两者在最核心的思想上是相容的：首先，都认为政府、国家和制度规则的形成很可能是非理性设计的结果，是自发过程的产物，经济上的激励有可能使分散决策的个人形成和变革一个国家及其制度；其次，诺齐克提出的那种最低限度的再分配，似乎可理解成本章中将要论及的允许个人之间相互交易且交易费用为零的情况。尽管本章的分析方法是经济学范畴内的，有着难以避免的功利主义的色彩，但经济学方法并不事先区分功利主义原则和权利优先原则，因为在不考虑交易费用的场合，没有理由认为这两者导出的结果会有任何的区别，且资产总会以最佳方式被使用。因此，从方法上看，本章的理论与诺齐克的理论相比也并非互不相容。不过，最低限度国家理论仍然留下了不少未解决的问题。

由于外部性或侵害行为是相互的，在界定权利之前无法事先判断到底谁对谁构成了侵害，因此，在最低限度国家理论中，一种“最低限度再分配方案”的方向性（即谁该对谁赔偿）是难以确定的，特别是发生在国家与独立人之间的“侵害”行为，会引发谈判费用。

“侵害”行为或相互影响是很宽泛的概念，会导致“最低限度国家”的这个“最低限度”变成一个弹性极大的概念，几乎没有任何具体内容。诺齐克在其书中也意识到这个问题，并认为禁止那些可能的侵犯行为的话，需要对行为的被禁止者提供赔偿。但是这些行为必须有所约束和界定，这些行为必须在生活中具有较大的普遍性和重要性，否则就等于说禁止抢劫也需要对抢劫者进行赔偿。而问题恰恰就在于普遍性和重要性如何确定。因此，如果要使“最低限度国家”的理论不被否定，那么就必须说明：在一个宽松的“最低限度”的概念内，不同“禁止”规定的效率发生转变的条件是什么，其中有哪些影响因素。本章的理论在一定程度上对此进行了更深入的回答。

最低限度国家理论并未论及制度规则决定权力的配置问题，或者说这一问题被假定以某种方式得到了解决。为什么这一问题在最低限度国家理论中是重要的呢？因为，如果把“最低限度国家”理解成某种形式的社会权利结构，这种权利结构取决于一系列的制度规则，那么最低限度国家理论仍然面临着制度规则如何被选择出来的问题。将制度规则的选择归因于“自发的互利过程”是同义反复、没有任何内容的，重要的是解释为什么这种“自发的互利过程”会有不同的形式。这正是本章要回答的核心问题。

（三）巴泽尔：经济权利、法律权利与第三方实施者

巴泽尔（2006）通过产权理论来解释国家的形成以及国家政策、制度规则与社会利益之间的一致和冲突关系。在巴泽尔的国家理论中，国家（或政府）是一个专业化的、使用暴力保证合约履行的第三方实施者。巴泽尔（2006）认为，社会经济中存在着两种权利，一种是经济权利，另一种是法律权利。“经济权利反映了个体的消费或交换商品的能力。但是，在法律权利缺失的情况下经济权利也会存在，尽管法律权利会强化经济权利。法律权利是由国家来界定的。一般而言，国家择以实施其所界定的权利。”[①] 如果合约的事后履行成本为零，那么作为第三方实施者的国家或政府就是多余的，而且制度规则也始终会与社会利益保持一致，因为“制度产生于福利最大化的个体的行动结果。在交易成本的约束条件下，这些个体将总是建立使福利最大化的制度”[②]。

但实际上，无论是个人之间的合约履行成本还是个人对政府的监督成本，都是高昂的。前者决定了由暴力垄断的第三方实施者（政府）来保证合约履行是经济的，后者则决定了必须建立有效的集体行动机制来约束第三方实施者对暴力的过度运用，防止拥有暴力手段的第三方对个人财产的侵害，并且“当个体形成集体行动机制时，他们会要求实施者只能以容易测度的形式来保持权力”[③]。这意味着，在对政府合法使用暴力进行监督的成本较高，且同时存在一定的立法成本的场合，决定暴力

① ［美］巴泽尔：《国家理论：经济权利、法律权利与国家范围》，钱勇、曾咏梅译，石磊审订，上海财经大学出版社2006年版，第9页。

② 同①，第13页。

③ 同①，第66页。

“合法性”形式的制度规则，应该交由个人组成的集体行动机制来决定，并且制定出来的制度规则具有“不完全产权”性，即只从部分容易测度的方面来对暴力使用进行监督约束。相反，如果对政府合法使用暴力进行监督的成本十分低，那么就不会存在政府的机会主义行为，暴力的使用方式始终按照社会最优的方式进行，因为这正是政府从社会中获得最大化租金的办法，政府利益与社会利益是相容且一致的。

来自政府方面的交易费用同样是促使政府向社会让渡资源配置权力、接受法律约束的重要因素。巴泽尔（1994）认为，如果政府获知社会中个人的最大生产能力和最优生产方式无须支付任何交易费用，那么政府就能够将个人安排到最合适的地方、用最合适的方法进行生产，同时获得最大化的租金收益。这时候，即使政府权力不受法律约束，政府租金收益最大化的目标与社会总收益最大化的目标也是“激励相容”的。但在现实中，由于交易费用存在且不为零，获知社会中个人的最大生产能力和最优生产方式的信息需要高昂的交易费用，且租金获取可能会损害生产性专用投资的收益，而这些专用性投资收益正是由于交易费用的存在而无法清楚地写入合约当中，并得到有效保障。由于上述两方面原因，政府接受法律的约束，通过公权和私权的分割让渡部分组织资源配置的权力，对政府来说就是有利可图的。

总的来说，巴泽尔理论的核心观点可概括为：在交易费用为零的场合，国家与社会的目标和利益是一致的；但在交易费用非零的场合，国家的租金最大化目标与社会总收益最大化的目标会出现分离，因此，公、私权力的界定具有重要的经济意义。但在巴泽尔的理论中，政府的权力是给定的，个人只能通过集体选择机制确定一些容易测度的指标来约束政府权力的运用。但对于国家理论而言，真正重要的问题是：为什么政府本身不具备制定出这些有约束力的、容易测度的指标的权力呢？存在租金空间就一定意味着政府权力会被滥用吗？集体选择机制是否同样会滥用制定这些指标的权力呢？这些在巴泽尔的理论中都未得到回答，而这正是本章试图回答的问题。

（四）利瓦伊："掠夺性统治理论"[①]

利瓦伊（Levi，2010）针对同样的问题，提出了称为"掠夺性统治理论"的分析框架。虽然这一理论没有提出颠覆性的创新观点，但相对于诺斯、巴泽尔和诺齐克的理论，更简洁、有力、清晰地归纳并提出了影响"统治者"行为偏离社会利益的因素。"掠夺性统治理论"的基本观点认为，国家的统治者是理性的经济人，其目标是最大化自身利益，但是在相对议价能力、交易费用以及贴现率三方面因素的约束下，其行为决策可能会偏离社会利益。用作者的原话来说是，"统治者使国家岁入增长最大化的目标，受到下列因素的约束：相对议价能力、交易费用和贴现率。相对议价能力是指对强制资源、经济资源和政治资源施加控制的程度。交易费用是指谈判、协商政策合同的费用，还有执行政策的费用。贴现率是指政策制定者的时间意识，较之眼前，若个体越看重将来，贴现率就越低"。[②]

（1）在方法论上，"掠夺性统治理论"以制度的决策和执行权力为分析起点。利瓦伊认为，对国家政策或岁入理论来说，以制度为起点进行研究是错误的，因为制度很可能就是政策的结果。因此，应该从权力的掌握者和实施者（或称统治者）开始研究，探究"统治者"在实施制度决策和执行权力时，为什么会偏离社会最优的状态。

（2）"掠夺性统治理论"假定作为统治者的政府是理性的经济人，有其自身的利益和目标。统治者的目标在于最大化岁入，因为岁入是其实现目标的手段。但由于约束性条件的存在，最大化岁入的目标可能并不直观表现为使得财政收入数量最大化。因此，这一概念具有一般性。

（3）统治者面临的相对议价能力、交易费用和贴现率三个约束性因素，决定了统治者会选择何种形式的制度来最大化岁入。"掠夺性统治理论"认为，"统治者会设计出并正式确立一些结构，从而增强他们的议价

---

① ［美］利瓦伊：《统治与岁入》，周军华译，格致出版社、上海人民出版社2010年版。

② 同①，第2页。

能力，减少交易费用，降低贴现率，以期更好地从政治交换中获益。……在他们所面临的约束条件下，统治者将会设计出能使国家岁入最大化的生产政策。……在任一时间点，政策选择都是一组既定议价资源、交易费用和贴现率的结果”①。这意味着，在“不同时间、不同国家里政府政策的差异是统治者相对议价能力、交易费用和贴现率不同的结果”②。一般来说，当统治者相对议价能力较弱、交易费用和贴现率都较低的时候，“统治者”与社会之间就具有较高度的利益一致性，促进长期经济增长和社会繁荣的制度就更可能被设计出来并加以实行。

“掠夺性统治理论”主要存在以下两方面的缺陷：第一，统治者的角色是给定的，并没有分析统治权力配置带来的影响，以及引致权力配置变化的原因，也没有解释权力为什么不能通过自我约束实现最有效率的运用；第二，决定制度规则的权力作为资产剩余控制权的重要构成，它与社会资产所有权结构的关系，该理论尚未涉及，而在诺斯、巴泽尔等学者提出的国家理论中已有所探讨。从新制度经济学的观点来说，资产所有权结构确实是一个不应忽略的因素。

（五）阿西莫格鲁和罗宾逊：包容性和汲取性制度

在这一问题上，较新近的理论是由阿西莫格鲁和罗宾逊（2015）提出的包容性和汲取性制度理论。在该理论中，包容性制度是指一种把权力广泛分散于社会，且权力运用受到严格法律约束的制度，掌权者通常无法运用权力为自身利益攫取资源；而汲取性制度是指一种把权力集中在少数精英手中、对该权力的运用施加较少限制的制度，这种制度通常是掌权者构建出来用以从社会其他人那里攫取资源的。包容性制度通常能够形成良性的循环，而汲取性制度则会形成恶性的循环；对“创造性毁灭”的恐惧通常是人们拒绝包容性制度的重要原因。阿西莫格鲁和罗宾逊还指出，经济上有效率的制度安排，可能是违背政治约束的，因此

---

① ［美］利瓦伊：《统治与岁入》，周军华译，格致出版社、上海人民出版社2010年版，第17页。

② 同①，第39页。

未必是政治上有效率的制度安排，从而导致制度与经济效率之间相悖。

但该理论存在的问题也较为明显：政治制度和经济制度的包容性和汲取性，是无法根据现实进行严格定义的，两者之间存在着模糊的边界。我们或许可能根据过往制度产生的后果事后将其分为包容性或汲取性，但对于一项新的制度来说，我们无法事先判断它到底是“汲取性”的还是“包容性”的，因为我们无法知道制度的“后果”。一些看起来是“汲取性”的制度，事实上可能会大大促进人均收入的增长，政府的寻租也可能具有积极的作用，例如20世纪日本、韩国和中国的经济腾飞。因此，该理论无法回应青木昌彦等（1998）在“市场增进论”中提出的问题：为什么在一定的条件下，政府对市场租金的管理，反而促进了经济的增长？因此也更无法回答本章的核心问题了。

（六）政治科斯定理

与本章研究最相关的，是Parisi（2003）关于“政治科斯定理”的研究。作者在其论文中论证：若交易费用为零，且允许成员之间的谈判和转移支付，那么，不同的公共选择机制对结果而言是无关紧要的；不论使用何种公共决策机制，最终被决策出来的，始终是帕累托最优的结果。随后，作者还探讨了离散政策空间、法案捆绑交易、谈判过程中的“搭便车”和集体行动困难，以及代议制中的委托代理等问题是如何导致结果偏离帕累托最优的。该文的核心思想与本章的核心思想基本一致，但仍存在一些尚未解决的困难。主要有以下三点：

（1）假定了决策“权力”仅在利益相关者身上配置。实际上，按该文的模型，将立法的权力赋予一个利益无涉者，既不用承担税赋，也不从公共支出中获益，只要设计出合适的支付方案，同样能够激励其选择帕累托最优的结果。此时租金为该利益无关者所有。该隐含的假定并非无关紧要，因为这样一来，立法过程总是在某种程度上由利益相关者或资产所有者控制。这并不符合现实。现实中拥有行政自由裁量权的政府为市场中的交易主体提供规则制定和执行的服务，但政府并不直接占有受制度规则影响的资产的整个所有权。

（2）人力和非人力资本的流动被假定是不存在的，因此，资产流动

性对权力运用的约束也被假定为不存在。但实际上，资本流动带来的竞争性会对权力运用形成有力的约束，促使它得到最优的运用。若允许资产完全流动，那么个人冒着成为“极少数人”的危险参与一种公共决策机制，就是不明智的。换言之，Parisi（2003）的理论并未说明个人参与公共选择机制的动机或激励，只是单纯假定了个人有不同的偏好次序，然后自然地进入某种公共选择机制之中，同时也假定了资产已受到了某种形式的限制。但这实际上只是一种十分特殊的情形。

（3）该文没有考虑到资产所有权分布的效应。为什么资产所有权分布在这里是重要的呢？原因在于，制度规则作为权利界定的一种方式，对资产的剩余控制权和租金分配进行着调整，因而制度规则的影响必然反映在资产的价值上；当契约不完全时，资产所有权分布也因此决定了谁对制度规则带来的资产价值变化是敏感的。一种立法权力分配方案的最优性，只有在给定资产所有权的社会分布的条件下来讨论才有意义，否则在交易费用不为零的现实世界，资产所有权分布的变化必然会导致立法权力配置效率的变化。但这些在 Parisi 的理论中都是未涉及的。因为在该理论中，公共产品的生产函数被假定是“公共知识”（common knowledges)，资产所有权的激励效应也就在假定中被排除了。此外，正如（1）所述，资产所有者或利益相关者是被假定与公共选择过程相关的。忽视资产所有权分布，会使得许多历史现象无法解释以下问题：为什么财产观念和资产所有权结构的变化，通常会引起历史上立法权力的变更？（Pipes，2003；Engels，2018①）而本章能为此提供一个规范的理论解释。

单纯从理论逻辑上看，政治科斯定理是无懈可击的。尽管该定理招致了不少的批评，但这些批评至少在纯理论上并不否认政治科斯定理的正确性。对政治科斯定理的批评，主要集中在该定理的一个关键的假定

① 按照恩格斯在《家庭、私有制和国家的起源》的理论，商品交换以及其中男性经济地位的提升，促使以家庭和父系氏族为核心的私有制的形成；随着经济的发展与市场的扩大，氏族成员在城市中混杂，保护私有产权的需求由氏族内部转向氏族外部的公共权力机构，从而导致国家的形成。总而言之，所有权分布与决定制度规则的权力紧密相关。

上：事后谈判费用为零。由于事后的谈判费用为零，事后的交易就能使得事前的权力配置变得无关紧要，即运用权力能产生最大经济价值的一方，能通过一笔事后的转移支付，从他人手中将权力购买过来，从而使得权力按自己意愿的方式被使用。但只要放松了这一假定，政治权力的分配就会产生重要的经济后果。因此，几乎所有论述低效率制度为何出现的理论，都必然会假定由于某些原因，转移支付无法有效地实现；或者假定政治权力所有者征税或攫取租金时，无法设计出一份完备的契约以保证收益不是来源于普遍社会利益的增进，而仅来源于局部的利益集团。例如，阿西莫格鲁和罗宾逊（2006a）在论述为何政治权力的拥有者会颁布导致经济倒退的政策时，一个关键的假定就是“政府所获租金与技术进步的边际变化无关”。又例如，Holcombe（2018）指出：科斯定理可用于分析一般市场交换和政治市场交换。当交易成本存在时，交易成本使得科斯式的讨价还价交易在“低交易成本集团”（low-transaction-cost group）中发生；而被较高交易成本阻碍了讨价还价的社会成员，则处于“高交易成本集团”（high-transaction-cost group）之中。但一般市场与政治市场存在这样的区别：一般市场中的个人在高交易成本与低交易成本的两种集团中具有高度流动性，且“低交易成本集团”中发生的交易不会对“高交易成本集团”中的社会成员产生影响；但政治市场则相反，低交易成本形成的利益集团通常是稳定的，且他们能够决定制度规则，将有利于自己的制度规则强加在“高交易成本集团”中的社会成员头上。因此，科斯定理为我们提供了一个研究利益集团及其公共选择行为的有益起点。

至于事后再谈判以及转移支付无法有效发生的原因，已有的研究从不同角度进行了论述。例如，存在不可观察（unobservable）的专用性投资或私人信息（Guimaraes and Sheedy，2012）、谈判双方之间的不可信承诺（Acemoglu，2002）等。关于这方面的更详细的论述，可参阅杨瑞龙和钟正生（2007）以及杨瑞龙和邢华（2007）关于政治科斯定理的综述性论文。

不少对政治科斯定理的批评确实令人信服，但也有部分批评无法使人满意。阿西莫格鲁教授关于政治科斯定理的一些批评就令人感到颇为困惑。在其2003年发表的一篇论文中，他认为政治科斯定理会面临严重的不可信承诺问题。他认为，拥有政治权力的人有着事后毁约的激励，除非有第三方能够保障合约的实施——但现实中的统治者和被统治者之间，通常不存在这样的第三方。阿西莫格鲁教授似乎认为转移支付的实施有赖于支付一方掌握实际的权力。这种假设实在没有什么理由。因为统治者对被统治者的征税或“租金掠夺”，也可被视为转移支付的方式。如果统治者能够从普遍的社会利益增长中获得最大的税收或租金收益，或者说这种利益增长直接就能反映在统治者拥有的全部资产价值上，那么即使支付该收益的被统治者没有权力，统治者也会选择最大化社会利益的制度，除非不完全契约和专用性资产的存在使得统治者无法完全识别什么是“普遍的社会利益”，从而无法实施有效率的强制性征税方案。此外，阿西莫格鲁教授（2006b）关于低效率制度（inefficient institutions）的研究，从租金攫取、要素价格控制、政治权力巩固和承诺可信性问题的角度也探讨了政治科斯定理无法成立的原因。阿西莫格鲁教授认为，在政治科斯定理无法成立的场合下，若要使得制度具有经济效率，选择制度规则的权力（政治权力）就应该交给具有最高社会生产力的群体。这一结论与本章的观点是一致的。但在阿西莫格鲁教授的理论中，资产所有权的社会结构是给定的——理论模型中分别以作为工人的平民阶层、作为企业家的中产阶级和精英阶层为表示。此外，税收作为租金攫取的手段，也是不含“条款”、具有掠夺性质的。因此，一旦引入资产所有权配置的影响，他的理论就无法解释以下问题：即使是在统治者并不直接控制私人财产、高生产力社会群体也不拥有政治权力的场合，一个“聪明”的统治者，为什么不能设计一个对制度带来的资产价值变化足够敏感的税收制度或租金攫取规则，使得该统治者能够按“社会生产力最高”的群体的偏好选择制度？如果说原因在于局部利益团体控制了政治权力且自身在改革中的损失无法得到有效弥补，那么他为什么不能利用这种权力设计一种征收制度实现这种有效弥补呢？事实上，现实中的税收制度之所以如此庞杂烦琐，原因恰恰就在于通过这样的税收制度，能够使得并不直接占有私人财产的政府对制度带来的资产价格变化敏感；即使统治者没有受到外部立法机构的约束，但只要统治者认识到这么做能为他带来更大的税收收入，那么逻辑上他也会乐于设计和使用这样的税收制度；再专断的独裁者也不会愚蠢到不加考虑地用人头税激发人们的叛乱。阿西莫格鲁教授在其随后的一篇论文（2010）中，进一步探讨了政府税收能力的影响：高效率的税收制度尽管能带来更大的租金收益，但税收能力在提高的同时也会引来政治上对租金的掠夺，反而抵消了制度的经济效率。阿西莫格鲁教授的这一观点也是令人困惑的，因为有效的税收制度意味着有效的租金掠夺，而有效的租金掠夺则有赖于政府能够对社会生产者施加合适的“寻租”条款，以获得最大化的租金收益——但这只有对社会普遍利益具有充分知识的政府才能够做到，这种知识本身就能使得特定政府具有一定的垄断性。因此，如果税收制度作为一种租金攫取手段是有效的，所需的关于“社会普遍利益”的知识仅有极少数政府能够认识到，与税收能力相关的各种专用性非人力资产（例如人口、户籍、犯罪和信用记录等）也只能被极少数政府有效控制，那么有效的税收职能因此也唯有这极少数的政府能实施，政治竞争也就不会存在；相反，如果任意的政治竞争者都知道这些知识，那么政治的竞争和政府的更替就不会改变制度的效率，也不会改变税收制度“有效率”的事实。这时候，政治竞争的非生产性投入只改变政府所获净租金的大小，不改变社会租金最大化的事实，政府以外的主体不会因政治竞争而受到损害。不过，早在2000年阿西莫格鲁和罗宾逊（2000）发表的一篇论文中提出的“政治失败者假说”（political-loser hypothesis）就认识到，当有效的税收工具不存在时，权力的配置与更替就会对制度效率产生至关重要的影响，补偿支付的承诺可信性也才会构成权力更替是否可行的关键因素。但这仍有赖于以下的隐含假定：立法权力所有者的相关资产价值对有效制度是不敏感的；有效制度带来的资产价值增益无法直接反映在其拥有的资产之上，除非能够设计出复杂且交易费用高昂的税收或转移支付机制使之得到有效补偿。

阿西莫格鲁教授的理论之所以存在这些令人困惑的地方，根本原因在于他隐含地假定了资产所有权结构得到了某种形式的确定，因此才会把政治科斯定理的失效以及制度的失败全然归咎于个人或利益团体受能力或交易费用所限，无法从社会普遍的利益增长中获得收益。但一旦考虑资产所有权结构的因素就会发现，个人或团体的所有行为都是理性决策的结果，只是不同类型资产对不同制度带来的资产价值变化敏感性有所差异。一些资产的性质决定了其价值可能对制度的变化十分敏感，而另一些资产则可能不会；一些资产的价值可能对某项制度具有正向的边际反应，但另一些资产则可能完全相反。除非政治权力所有者与资产所有者之间的转移支付合同是一份“完备合同”，巨细无遗的条款使得统治者与资产所有者对制度变化带来的资产价值变化都同等地敏感，否则资产所有权结构就会影响制度选择的效率。因此，不同制度之所以会有效率差异，与其说是个人或利益团体的能力局限所致，倒不如说是不完全契约下资产所有权结构与决定制度规则的权力（广义上的立法权力）之间相互作用的结果。尽管说个人或利益团体的“能力局限”在很大程度上受交易费用因素的影响，但我们恰恰要说明的正是什么使得交易费用产生了变化。本章从资产所有权和不完全契约的角度来说明这一点。这正是阿西莫格鲁教授的理论缺失的地方。

（七）对已有研究的一个评论

以上几种理论都研究了制度规则在什么条件下与社会利益相一致、在什么条件下又会与社会利益相冲突的问题，并从不同的角度给出了解释。但已有理论存在的缺陷也是明显的，这些理论尽管从不同角度探讨了为什么社会有时制定出来的制度是“明智”的，带来经济增长和社会繁荣，有时却“愚蠢”地招致了灾难，但它们对这样一些重要的问题缺乏深入讨论，即决定制度规则的权力在其中发挥着怎样的作用，其配置效率变化的条件是什么，其中的微观机制又是怎样的，与资产所有权结构有怎样的关系。已有理论不是假定立法权力得到了某种形式的配置，或资产所有权结构以某种形式给定，就是直接绕开了这一问题不作回答。事实上，真正重要的问题并不是制度规则本身的有效性以及权力应以何种方式受到制约，而是如何配置权力使得最有效率的制度规则被选择出来。决定制度规则的权力——广义上的立法权力——的配置，以及相应的社会资产所有权结构，从更根本的层面决定着制度规则的经济绩效。已有的理论很多时候应看作是本章理论给定资产所有权结构下的特殊情形。本章尝试以科斯定理为基石，探讨这一问题，弥补已有理论的不足之处，并将最优的广义立法权力配置与社会的资产所有权结构联系在一起。

第二节　制度规则及其“抽象性”

不论是旧制度经济学、新制度经济学，还是公共选择理论等其他同样以制度为分析对象的经济理论，尽管各种理论在方法论上有较大的差异，但制度的基本含义都没有太大的区别，制度均被认为是激励或约束人们效用最大化行为的各种规则的集合。市场仅仅是社会制度的局部，大量的资源配置是通过非市场的制度形式来完成的。[①]

已有的对制度的定义大致从两个角度来进行。第一，从行为激励与约束的角度，将制度定义为对人们效用最大化行为进行激励和约束的规则。经济学家较常使用这一定义。例如，诺斯（1992）认为，“制度是为约束在谋求财富或本人效用最大化中个人行为而制定的一组规章、依循程序和伦理道德行为准则”[②]。奥尔森（2005）、奥斯特罗姆（2012）以及布伦南和布坎南（2004）等经济学家均是从此角度来定义制度的概念。第二，从权利界定的角度来定义，将制度直接理解为产权的界定或产权结构。例如，布罗姆利（2012）、巴泽尔（2006）将制度定义为在给定交易费用约束下形成的产权结构，而其中产权的界定可能是完全或不完全的。罗尔斯（1988）从政治理论的角度将制度定义为权利和义务分配的形式，并提出正义是社会制度的首要价值的观点。但这两种对制度的定义方法并没有本质上的区别，因为对人们行为不同的激励和约束方式实际上同时意味着不同的权利义务配置形式；同理，产权的界定以及随之

---

① 参阅［美］伊特韦尔、米尔盖特、纽曼编《新帕尔格雷夫经济学大辞典》（第二卷：E－J），经济科学出版社1996年版，第931－933页，“Institutional Economics（制度经济学）”词条。

② ［美］诺斯：《经济史上的结构和变革》，厉以平译，商务印书馆1992年版，第196页。

形成的产权结构，也同时意味着对人们行为的激励和约束。使用哪种定义方式取决于将制度这一概念用于研究怎样的问题。

上述单纯地将制度定义为激励或约束人们效用最大化行为的规则集合，仍然是不充分的，尤其是在考虑交易费用非零时制度“抽象”程度的区别。哈耶克（2000）、布坎南（2012）、德姆塞茨（1992）以及罗尔斯（1988）均论述了制度抽象性所包含的重要含义。制度的“抽象性”是指：由于交易费用的存在，制度的约束对象并非特定的个人，而是一定“类型”的个人，社会中每个人都有一定概率成为该“类型”所描述的人；该“类型”通过一定的条件来加以描述。个人唯有在满足一定条件、成为该“类型”中的一员时，制度才启动其相应措施，对个人行为加以纠正；否则制度就对所有人（即潜在的、可能成为该“类型”的个人）起事前的约束作用。交易费用非零条件下制度的抽象性是普遍的事实，各种正式或非正式的司法、执法机构的存在就是抽象性的证明——正因为制度具有抽象性，才必须依靠司法机构判断规则的适用性，以及依靠执法机构具体执行纠正措施（Hayek，1945）。也只有这种抽象性的制度，才能构成非人际关系化的法治社会的基石（North，2013）。当然，我们完全可设想不具有任何抽象性的制度，此时，这种制度将对每个具体的个人、在所有的具体场合下的行为进行约束。然而这种不具任何抽象性的制度无论在立法还是司法、执法上，都会引起极高的交易费用和随之而来的效率损失。在交易费用不存在的条件下，制度的抽象性确实无关紧要，抽象与非抽象的制度之间没有任何的区别；一旦考虑到交易费用的存在，制度的抽象性总会在某种程度上存在，不具任何抽象性的制度几乎是不可能存在的。

但需要注意的是，制度规则的抽象性是一个相对性的概念。正如前面所述，在交易费用不为零的现实世界中，制度规则总会存在某种程度的抽象性。但从任一程度的抽象性出发到最不抽象的极端，中间还可能存在无数的情形。因此，“抽象的”制度规则可视为相对不那么“抽象”的制度规则的替代，而这种替代，是一个极为细致的、连续的过程。按以下的方式来理解制度规则抽象性程度的区别是合适的：

> 为了使个别合同中相同条款的重复成本最小，法律提供了一系列标准原则和补救办法来处理重复发生的合同事件。因此，无论是法院确定的违约补偿标准，还是普通法中对不可抗拒力的具体规定，都可以被个别交易者解释为是对共同条款做过多约定的替代。[①]

由于本章是在交易费用存在的条件下运用制度规则的概念，考察制度规则决定权力（广义的立法权力）配置的影响，因此，为了做出区分，本文所说的制度规则，若不加其他特殊说明，均在广义上指激励和约束人们效用最大化行为的各种“抽象”规则的集合。不具有任何抽象性的约束规则，则应称为指令或命令。

第三节　广义立法权力最优配置的基准模型

（一）制度规则下的个人收益与成本

具有抽象特征的制度规则，是缓解个人之间外部性问题的一种途径，是一对一单独谈判和订约存在较高交易费用时的一种经济的替代方案（Demsetz，1992；Masten，2010）。抽象的制度规则并不对特定的个人和群体下达行为指令，而只是指明行为约束生效时个人或群体须满足的条件或须具备的特征。因此，制度规则规定了个人或群体在不同的可能处境下“应当”或“不应当”如何行事，以及一旦违反时需要承受的代价。但为什么个人会对不同的制度规则形成偏好，并乐于接受某种制度规则的约束呢？

假设现有一个假想的社会，其中一项行为甲并未界定权利，任意个人采取行为甲，都会在社会的个人之间产生相互影响。简言之，行为甲

---

① ［美］马斯特恩：《企业的法律基础》，见［美］威廉姆森、温特编《企业的性质——起源、演变与发展》，商务印书馆2010年版，第273页。

虽然产权界定不清，但具有经济价值。假定现有 m 种不同的制度规则对将来可能出现的行为甲进行权利界定，这些制度规则构成的集合记为$\mathcal{L}=\{L_1, L_2, \cdots, L_m, \phi\}$。出于一般性的考虑，其中 ϕ 指不使用任何制度规则的情况。在这种情况下，人们就需要在事后根据出现的特定处境或状态进行谈判，而不是在事前约定好固定的行动规则。又假定，个人处于“无知之幕”（Rawls，1988）下，并不知道当行为甲在社会中出现时自己会处于接受者（acp）还是行动者（act）的处境。记个人对未来这两种处境的主观预期概率分别为 P 和 Q，同时收益分别为 R_{acp}和 R_{act}。由于除了 ϕ 之外任意一种制度规则都会对行为甲发生时具体处于两种处境下的个人进行责任界定，从而影响收益的分配，因此可认为收益是定义在制度规则集合$\mathcal{L}$上的函数：

$$R_{acp}=R_{acp}(L_k),\ R_{act}=R_{act}(L_k),\ L_k\in\mathcal{L} \qquad (3-1)$$

由于在完全缺乏制度规则的状况下，竞争行为会使得租值完全消散（Barzel，1997），因此，有 $R_{acp}(\phi)=R_{act}(\phi)=0$。于是，个人在给定制度规则下的期望收益就可以写成：

$$ER(L_k)=PR_{acp}(L_k)+QR_{act}(L_k)>ER(\phi),\ L_k\in\mathcal{L} \qquad (3-2)$$

个人主观上最偏好的制度规则就是最大化该期望收益所得到的解。更一般地，个人在特定制度规则下的期望收益函数还可写成积分的形式：

$$ER(L_k)=\int_s R_s(L_k)f(s)\mathrm{d}s>ER(\phi),\ s\in S,\ L_k\in\mathcal{L} \qquad (3-3)$$

其中，s 为个人的特定状态，S 为状态集合，在上面的二元状态例子中，$S=\{acp, act\}$ 由于期望收益函数中的各种参数并不影响后续的分析，因此后文将直接用来表示个人在制度规则下的期望收益，对其中的结构和形成机制不再赘述。

（二）基准命题及其证明

本小节的目标是要证明一个基准命题。该命题实际上是科斯定理的一个推广应用，其内核与科斯定理在形式上具有高度的一致性。

命题 3－1：决定使用哪种制度规则的权力（广义的立法权力）无论分配给谁，最终实际执行的规则保持不变，只要同时满足以下三个条件：

A.（制度的经济性与可分离定价条件）选择不同的制度规则产生的资产增益能够以零交易费用从相关资产的总收益中分离出来；

B.（竞争性条件）个人具有完全相同的最偏好制度规则；

C. 制度规则的立法成本和执行成本为零。

对上述三个条件需要逐一进行解释：

（1）条件 A 可称为“制度的经济性与可分离定价条件”。作为“抽象规则”的制度，正如前文所述，是缓解外部性问题的一种途径，是一对一谈判和订约存在较高交易费用时的一种经济的替代办法。这表示，制度规则会带来租金增益，只要总的租金增益减去制度的运行费用仍有剩余的话。制度规则带来的租金增益可能会反映在各种形式的资产上，包括人力资产和非人力资产。公共交通良好的排队秩序和让座习惯可能会提升公共交通服务的价值，良好的警察、消防和军队制度则可能会提升个人财产的价值，等等。总的来说，如果缺乏这些制度规则，那么被制度规则界定和保护起来的价值就会变成公共地上的租值，在竞争的过程中消散殆尽。因此，条件 A 说的是：制度规则是具有经济价值的，而将资产增益中来源于“制度规则”的那部分分离出来，无须耗费交易费用。

（2）条件 B 可称为“竞争性条件”，原因在于：如果是在完全竞争的条件之下，均衡状态中必然有条件 B 成立。因为对于任意个人来说，只要可供选择加入的社会和制度规则足够多，并且在这些实行不同规则的“社会”之间能够无成本地自由流动，那么个人完全无须接受以任何形式被选择出来，但对他而言完全是次优的制度规则，从而轻而易举地转入到实行对他而言是最偏好制度规则的那个社会。因此，在竞争性条件下，正如蒂伯特（Tiebout，1956）机制所揭示的那样，同一社会中的个人必然具有完全一致的最偏好制度规则。这就是条件 B 被称为“竞争性条件”的原因。在后续的扩展性讨论部分，笔者将放松这一假定，考察基准命题所得到的基本结论在多大程度上依赖于这一假定。

（3）条件 C 中的制度规则“立法成本”是指除条件 A 中所提及的对

制度规则进行“分离定价”的费用之外，所有与制订制度规则相关的费用，例如组织和运作各种立法会议等的决策费用。“执行成本”指的是事后执行和维持制度规则的费用。

接下来的工作是对基准命题进行证明。

首先，在相关资产所有权集中的状况下，假定 A 是资产 G 的所有者，资产 G 的价值会受到制度规则 $L_k \in L = \{L_1, L_2, \cdots, L_m, \phi\}$ 的影响。A 向消费者群体 $\mathcal{B} = \{B_i \mid i = 1, \cdots, n\}$ 出售资产 G 的服务。$\mathcal{B}$ 中的消费者使用资产 G 时会相互影响，并且一对一单独讨价还价的交易费用极其高昂，因此，抽象的制度规则是重要的（Demsetz，1992）。直观地理解，资产 G 可粗略理解为政府提供的诸如公路、大桥等公共产品，而 A 则是政府。① 但出于理论的一般性，本书未做如此假定，因为在政府之外的很多其他主体也会提供类似的具有公共产品特征的资产。此外，由于条件 C，制度规则的执行成本已假定为零，因此无须额外确定制度规则由谁来执行，又或者说，由谁来执行都是无差异的。

假定 A 和 $B_i \in \mathcal{B}$ 的效用函数分别是：

$$u_A = u_A(T), T = \sum t_i(L_k) \tag{3-4}$$

$$u_i = u_i(G \mid L_k) > u_i(G \mid \phi) \tag{3-5}$$

$$i = 1, \cdots, n, \quad k = 1, \cdots, m$$

其中，$u_A(T)$ 为严格递增的凹函数，满足 $u_A(T) \geq 0$ 以及 $u_A(0) = 0$；$u_i(G \mid \phi) \geq 0$ 是无任何制度规则时个人 i 对资产 G 的保留评价。由于 A 的收益来源 $t_i(L_k)$ 即 B_i 购买资产 G 服务时向 A 支付的价格，于是有：

$$t_i(L_k) = \varphi u_i(G \mid L_k), \quad 0 < \varphi < 1 \tag{3-6}$$

---

① Ruys 等（2003）从交易费用和产权理论的角度定义了什么是公共产品和服务。“服务的使用者表示对特殊接受者或使用者服务的净收益。使用者之间的互动作用可能增加或降低这种价值。……标准服务接受者之间互动作用的范围决定了服务的科层制结构。……如果这种标准服务被层级性地分解为总的相互交流的使用者或接受者的不同层级，它就称为公共服务。在每一层级上可以具体确定公共服务，而这又决定于在这个层级上互动作用的群体大小。”具体参阅［荷］勒伊斯瑞斯等《价值和治理体制》，见梅纳尔编《制度、契约和组织——从新制度经济学角度的透视》，刘刚等译，经济科学出版社 2003 年版，第 490－517 页。

其中，φ 是议价能力系数，其大小取决于 A 和 $B_i \in \mathcal{B}$ 议价能力的对比。当 A 的议价能力相对于 $B_i \in \mathcal{B}$ 提高时，其值趋近于1；反之，则趋近于0。由于有条件 A 成立，A 和 $B_i \in \mathcal{B}$ 均完全知悉在不同制度规则 $L_k \in \mathcal{L}$ 之下自己和对方的收益变化，即制度规则的“价格”对各方而言具有完全信息的性质。又设 C_G 是使得资产 G 被建立所需的保留价值，有 $\sum \varphi u_i(G \mid L_k) \geqslant C_G > 0$。

若广义立法权力一开始属于 A，那么 A 就会最大化自身从出售资产 G 中获得的收益，并凭此选择出最优的制度规则：

$$\max_{L_k \in \mathcal{L}} u_A\left(\sum t_i(L_k)\right) \Leftrightarrow \max_{L_k \in \mathcal{L}} u_A\left(\varphi \sum u_i(G \mid L_k)\right)$$
$$\Leftrightarrow \max_{L_k \in \mathcal{L}} \sum u_i(G \mid L_k) \Leftrightarrow \max_{L_k \in \mathcal{L}} u_i(G \mid L_k) \Rightarrow L_p \qquad (3-7)$$

倒数第二个关系成立的原因是运用了竞争性条件 B。

若广义立法权力一开始属于消费者群体 $\mathcal{B}$，由于竞争性条件 B，不论消费者群体使用什么样的决策规则进行决策，只要该决策规则至少反映了一个成员的制度规则偏好，那么就必然反映了全体的偏好。简单来说就是，由于偏好始终是“一致同意”（Buchana and Tullock，2014）的，使用什么集体决策规则就是无关紧要的了。此外，由于条件 C，群体 $\mathcal{B}$ 无须向任何外部的“立法者”进行支付，即无须为了良好的“制度”被选择出来而向 A 提供租金激励，仅向其提供保留价值 C_G 使资产 G 得以被建立，而保留价值 C_G 满足 $\sum u_i(G \mid L_k) \geqslant C_G$ 且 $C_G = \sum C_{Gi}$。此外，不管 C_G 如何在群体 $\mathcal{B}$ 中分摊，其价值总归是与制度规则 L_k 无关的，不影响 L_k 的边际选择。① 因此，在这种状况下，只需要解出以下的最优化问题：

$$\max_{L_k \in \mathcal{L}} \sum u_i(G \mid L_k) - C_G \Leftrightarrow \max_{L_k \in \mathcal{L}} u_i(G \mid L_k) \Rightarrow L_p \qquad (3-8)$$

于是再次得到同样的结果 L_p。

其次，当相关资产所有权分散的时候，假定资产 G_i 对应的所有者为

---

① 在竞争性条件下，若个人 i 承担的份额 $C_{G_i} > u_i(G \mid L_k)$ 产生负收益，那么他就可以通过把资产转移到其他社会之中，实施有效的威胁使得这一分配方案无法实现。因此，在给定 L_k 的条件下，保留价值 C_G 的分配方案本身就可看成是一个抽象规则来加以选择，这不改变此处的结论。

B_i，其价值同样受到制度规则 $L_k \in \mathcal{L}$ 的影响。此时，与 A 出售资产 G 服务的状况不同，A 在出售资产 G 服务时，制度规则的执行服务是一并计价的；但在相关资产分散地为消费者所有时，A 就仅仅提供制度规则的执行服务，并且需要就 B_i 从制度规则中获得的资产增益进行谈判和分离定价。在这种情况下，假定 A 和 $B_i \in \mathcal{B}$ 的效用函数分别是：

$$u_A = u_A(T), T = \sum t_i(L_k) \tag{3-9}$$

$$u_i = u_i(G_i \mid \phi) + ER_i(L_k) \tag{3-10}$$

$$i = 1, \cdots, n,\ k = 1, \cdots, m$$

其中，$u_i(G_i \mid \phi) \geqslant 0$ 是个人 i 在无任何制度规则条件下资产的保留价值：如果该资产的价值实现极度依赖于制度规则，那么 $u_i(G_i \mid \phi) + ER_i(L_k) \to ER_i(L_k)$；反之，如果该资产的价值实现只跟一般市场中的私人合同相关，并不依赖抽象的制度规则作为保障，那么 $u_i(G_i \mid \phi) + ER_i(L_k) \to u_i(G_i \mid \phi)$。之所以有 $u_i(G_i \mid L_k) = u_i(G_i \mid \phi) + ER_i(L_k)$，原因在于条件 A，制度规则为相关资产带来的资产增益能够以零交易费用从资产 G_i 上分离出来，即 $ER_i(L_k)$ 对于 A 和 $B_i \in \mathcal{B}$ 是完全信息的。此外，A 的收益 $t_i(L_k)$ 来源于 B_i 因制度规则带来的资产增益而愿意向 A 支付的价值，于是同理有：

$$t_i(L_k) = \varphi ER_i(L_k),\ 0 < \varphi < 1 \tag{3-11}$$

若广义立法权力一开始属于 A，那么 A 就会最大化可获得的收益，并凭此选择出最优的制度规则：

$$\max_{L_k \in \mathcal{L}} u_A\left(\sum t_i(L_k)\right) \Leftrightarrow \max_{L_k \in \mathcal{L}} u_A\left(\varphi \sum ER_i(L_k)\right)$$

$$\Leftrightarrow \max_{L_k \in \mathcal{L}} \sum ER_i(L_k) \Leftrightarrow \max_{L_k \in \mathcal{L}} ER_i(L_k) \Rightarrow L_{p2} \tag{3-12}$$

若广义立法权力一开始属于消费者群体 $\mathcal{B}$，同理，由于条件 B 和条件 C，只需要简单地解出以下最优化问题：

$$\max_{L_k \in \mathcal{L}} \sum ER_i(L_k) \Leftrightarrow \max_{L_k \in \mathcal{L}} ER_i(L_k) \Rightarrow L_{p2} \tag{3-13}$$

于是再次得到同样的结果 L_{p2}。

然而，现实中存在的通常是两种状况的混合，其价值受到制度规则影响的相关资产的所有权可能同时分布于 A 和 $B_i \in \mathcal{B}$ 之上。例如，在土地为政府所有的条件下，良好的治安不仅会提升个人私有财产的价值，同时也会提升土地的租金。当处于所有权分布混合的状况时，若广义立法权一开始属于 A，那么 A 所要解的最优化问题就会变成：

$$\max_{L_k \in \mathcal{L}} u_A\left[\sum t_i(L_k)\right] \Leftrightarrow \max_{L_k \in \mathcal{L}} u_A\left\{\varphi \sum \left[u_i(G \mid L_k) + ER_i(L_k)\right]\right\}$$

$$\Leftrightarrow \max_{L_k \in \mathcal{L}} \sum ER_i(L_k) + \sum u_i(G \mid L_k) \Rightarrow L_{p3} \qquad (3-14)$$

同样地，由于条件 B，当广义立法权力属于$\mathcal{B}$时，最优化问题和解就变成：

$$\max_{L_k \in \mathcal{L}} \sum ER_i(L_k) + \sum u_i(G \mid L_k) - C_G \Rightarrow L_{p3} \qquad (3-15)$$

可见，最终选择出来的最优制度规则仍然是一致的。此时群体$\mathcal{B}$仅仅向 A 支付商品 G 的保留价值 $T = C_G = \sum C_{Gi}$。

至此，基准命题就得到了全部证明。从上面的整个证明过程来看，基准命题的结论对相关资产所有权的分布是不敏感的。只要制度规则为资产带来的边际价值无须交易费用就能够得到清晰衡量，再加上竞争性条件和无立法与执法成本的条件，那么，不论相关资产的所有权怎样配置，也不论由谁来决定使用什么制度规则，最终结果都是一样的。该结论可简单地总结为：假定制度的制定成本和执行成本为零，不论资产归谁所有，只要制度变化对资产价值的边际影响极容易测量，那么该制度由谁来制定、以何种方式制定，实际上是无关紧要的。

总的来看，该命题内核实质上就是科斯定理，是科斯定理在广义立法权力配置问题上的一个扩展应用。但正如科斯定理的功能一样，该命题也只是提供了一个研究的出发点，真正重要的问题是：当条件 A、B 和 C 不再成立时——这更加符合现实的状况——制度规则决定权力的配置会如何影响经济的效率。接下来的各个小节，将依次讨论条件 A、B 和 C 一旦放松时可能会产生的后果，解释当这些条件不再成立时，制度规则决定权力的配置会在多大程度上影响经济效率。

第四节　对假设条件的讨论

（一）条件 A 对结论稳健性的影响

在上述基准命题的证明过程中，制度规则的“可分离定价”假定（条件 A）是一个关键的假定。正是这一假定，才使得该基准命题对相关资产的所有权配置不敏感。一旦放松条件 A，价值会受到制度规则变化影响的那些相关资产的所有权分布，就不是无关紧要的了，而是会影响广义立法权力配置的效率。

假定将制度规则带来的资产增益从资产上分离定价是需要交易费用的。回到基准模型中，当资产所有权集中于 A 时，无论是 A 还是任意的 $B_i \in \mathcal{B}$，对制度规则带来的资产边际价格变化都是敏感的，是否可对制度规则进行分离定价无关紧要，因为就资产 G 的服务而进行的交易会自然地使制度规则带来的资产增益反映在 A 和 $B_i \in \mathcal{B}$身上，无须分离，因此，即使分离需要交易费用，这也并不影响两者的行为决策。

分离定价存在交易费用会引发问题，主要是在相关资产的所有权分散在 $B_i \in \mathcal{B}$上的时候。因为在这种状况下，只有对制度规则带来的资产增益在总资产收益中的比重进行准确的测度，交易才有可能发生，$B_i \in \mathcal{B}$才愿意购买 A 的制度规则执行服务。简单地总结就是：当相关资产的所有权集中的时候，制度规则变化会影响资产的总价，而相关资产的交易也是按总价进行，那么交易双方对制度规则变化带来的影响都是敏感的；但在相关资产所有权分散的状况下，交易只就制度规则变化带来的资产增益的那部分价值进行，因此，需要准确分离测度制度规则为资产带来的边际增益。本小节主要集中于相关资产所有权分散的情况下来讨论。

假定除了条件 A 之外，条件 B 和 C 仍然成立，并设 A 和 $B_i \in \mathcal{B}$的效用函数分别是：

$$u_A = u_A(T),\ T = \sum t_i(L_k) \qquad (3-16)$$

$$u_i = u_i(G_i | L_k) = u_i(G_i | \phi) + ER_i(L_k)$$
$$i = 1, \cdots, n,\ k = 1, \cdots, m \quad (3-17)$$

但由于$ER_i(L_k)$只有B_i是清楚的，对于A来说，并不知道$u_i(G_i | L_k)$中$u_i(G_i | \phi)$和$ER_i(L_k)$的比例关系；要获得两者间比例关系的准确信息，需要支付一定的交易费用。假设A对$u_i(G_i | L_k)$的结构有以下的主观判断：

$$u_i(G_i | L_k) = u_i(G_i | \phi) + ER_i(L_k) = u_k^{(A)}(G_i | \phi) + ER_i^{(A)}(L_k)$$
$$= u_i(G_i | \phi) - e(L_k) + ER_i(L_k) + e(L_k) \quad (3-18)$$

其中，$e(L_k) \in \mathbb{R}$是A估计的误差部分。假定A能够通过支付足够的信息费用C_1以获取关于$u_i(G | L_k)$结构的准确信息，那么意味着有以下的等式成立：

$$\lim_{C_I \to \infty} e(L_k | C_I) = 0 \quad (3-19)$$

$$\lim_{C_I \to \infty} u_i^{(A)}(G_i | \phi) = \lim_{C_I \to \infty} u_i(G_i | \phi) - e(L_k | C_I) = u_i(G_i | \phi) \quad (3-20)$$

$$\lim_{C_I \to \infty} ER_i^{(A)}(L_k | C_I) = \lim_{C_I \to \infty} ER_i(L_k) + e(L_k | C_I) = ER_i(L_k) \quad (3-21)$$

当广义立法权一开始属于A的时候，A的最优化问题和解就变成以下的形式：

$$\max_{L_k \in \mathcal{L}} u_A\left(\sum t_i(L_k)\right) - C_I \Leftrightarrow \max_{L_k \in \mathcal{L}} u_A\left(\varphi \sum ER_i^{(A)}(L_k | C_I)\right)$$
$$\Leftrightarrow \max_{L_k \in \mathcal{L}} \sum ER_i^{(A)}(L_k | C_I) \Rightarrow L_{p2} | C_I \quad (3-22)$$

最优解$L_{p2} | C_I$是依赖于信息费用C_I的，于是在$C_I \to \infty$的时候，$L_{p2} | C_I \to L_{p2}$。然而，过高的信息费用会使得收益变为负值，因此在进行最优决策的时候必然会部分地受到误差部分$e(L_k | C_I)$的影响，这意味着$L_{p2} | C_I$不一定就等于无信息成本状况下所得到的Pareto最优结果L_{p2}。如果广义立法权力一开始属于$\mathcal{B}$，结果会完全不同，此时最优化问题和解仍然是：

$$\max_{L_k \in \mathcal{L}} ER_i(L_k) \Rightarrow L_{p2} \quad (3-23)$$

这意味着广义立法权力赋予$\mathcal{B}$能够获得帕累托最优的结果，原因在于$ER_i(L_k)$对于任意的$B_i \in \mathcal{B}$而言是清楚知悉的，但是对A来说，要获得的制度规则偏好的具体信息作为决策的基础，则需要支付信息费用，这就使得广义立法权力赋予 A 时会导致决策结果偏离帕累托最优的结果。将相关资产所有权分布的两种状况下的结果进行对比可发现：在相关资产所有权集中的状况下，通过公共产品 G 的交易，A 尽管不清楚 $u_i(G_i \mid \phi)$ 和 $ER_i(L_k)$ 之间的比例关系，但对于选择不同 $L_k \in \mathcal{L}$ 导致的资产边际价值变动，是清楚的；在相关资产所有权分散的情形下，只有准确分离出 $ER_i(L_k)$ 或使得：

$$ER_i^{(A)}(L_k \mid C_I) \to ER_i(L_k) \tag{3-24}$$

才能准确获知制度规则变化带来的资产价值的边际变化，然而，这需要支付高昂的交易费用作为代价。

若要解决相关资产所有权分散时制度规则难以被“分离定价”的问题，按上述逻辑，岂不是将社会上全部资产的所有权划归 A 就把问题解决了？实际上，如果不存在专业化和专用性投资收益，且其他因素符合上述模型的假定，那么将社会上全部资产的所有权划归 A 确实就把问题解决了。事实上，这么做虽然节省了制定制度规则时所需要的信息费用，但损失了大量的专业化和专用性投资收益（Hart，1995）；资产的价值并非全部由抽象的制度规则决定，也有大量价值产生在一般的市场交易之中，是政府难以控制的、私人部门专用性投资的结果。因此，从总体上来说，这未必是划算的。

以上的分析可得到以下的结论：在相关资产所有权集中的条件下，若除条件 A 之外的条件 B 和 C 成立，那么即使存在将制度规则分离定价的信息费用，也不影响广义立法权力配置的效率，即广义立法权力配置给谁是无差异的；但在相关资产所有权分散的条件下，若同样除条件 A 之外的条件 B 和 C 仍然成立，使消费者群体获得广义立法权力是帕累托最优的。简单来说，决定使用哪种制度规则的权力应该赋予对规则带来的资产价值变化最敏感的一方。

（二）条件 B 对结论稳健性的影响

正如前文所述，条件 B 可称为“竞争性条件”，表示在完全竞争的条件之下，均衡状态必然是条件 B 成立。只要可供选择加入的社会和制度规则足够多，并且个人能够在这些实行不同规则的社会之间无成本地自由流动，那么个人完全无须接受任何次优的制度规则，从而轻而易举地转入实行对他而言是最偏好制度规则的那个社会。因此，在竞争性条件下，同一社会中的个人必然具有完全一致的最偏好制度规则。本小节要讨论的是条件 B 不再成立时会产生的影响。在这种状况下，社会中的个人就必须和“异见者”共同生活。本节的研究结果表明，即使条件 B 不再成立，但只要允许$\mathcal{B}$中成员可相互交易且交易费用为零，那么基准命题的结论仍然不变。

不失一般性，假定条件 B 不再成立，$\mathcal{B}$中有两拨人$\mathcal{B}_1$ 和$\mathcal{B}_2$，任意 $B_{1i} \in \mathcal{B}_1$ 的最偏好规则是 L_1，而任意 $B_{2i} \in \mathcal{B}_2$ 的最偏好规则是 L_2，L_1、$L_2 \in \mathcal{L}$且 L_1、$L_2 \neq \phi$。消费者群体$\mathcal{B}_1$ 的人数为 n_1，而消费者群体$\mathcal{B}_2$ 的人数为 n_2，且有 $n_1 + n_2 = n$。此外，$\mathcal{B}$中成员可相互交易且交易费用为零。为了书写的便利，记上述的假定为条件 B1：

B1.（竞争性条件）个人之间可相互交易且交易费用为零。

使拥有不同偏好规则的个人生活在同一社会的原因是复杂的，但总的来说不外乎两个方面：第一，在供给方面的不完全竞争，即决定制度规则的个人或团体无法以极低的代价随时变更；第二，在需求方面存在迁移成本，即资产价值受到制度规则影响的资产所有者并不能毫无代价、随心所欲地在不同的社会之间迁移。由于这两个方面的原因，假设条件 B 变成了一个过于严苛的、不符合现实的假定。而同样作为竞争性条件，新的假设条件 B1 则比原来的条件 B 要宽松和现实得多；假设条件 A 和 C 保持不变。

在上述假定下，如果广义立法权力一开始配置给 A，且相关资产的所有权集中于 A，那么“立法者” A 要最大化个人的收益，只需要在 L_1 和 L_2 之间进行选择。如此一来，问题就得到了大大简化。假设 B_{1i} 和 B_{2i} 对 A 支付的价格为：

$$t_{ji}(L_k) = \varphi u_{ji}(G \mid L_k),\ 0 < \varphi < 1,\ j = 1,2,\ k = 1,2 \quad (3-25)$$

不失一般性地，直接记 A 选择 L_1 和 L_2 的收益分别为：

$$\pi_1 = \varphi \sum_{\mathcal{B}_1} u_{1i}(G \mid L_1) + \varphi \sum_{\mathcal{B}_2} u_{2i}(G \mid L_1) \quad (3-26)$$

$$\pi_2 = \varphi \sum_{\mathcal{B}_1} u_{1i}(G \mid L_2) + \varphi \sum_{\mathcal{B}_2} u_{2i}(G \mid L_2) \qquad (3-27)$$

由于任意 $B_{1i} \in \mathcal{B}_1$ 的最偏好规则是 L_1，而任意 $B_{2i} \in \mathcal{B}_2$ 的最偏好规则是 L_2，于是有 $u_{1i}(G \mid L_1) > u_{1i}(G \mid L_2)$ 和 $u_{2i}(G \mid L_1) < u_{2i}(G \mid L_2)$。这意味着，当有 $n_1R_1 > n_2R_2$ 成立时——其中 $R_1 = u_{1i}(G \mid L_1) - u_{1i}(G \mid L_2)$，$R_2 = u_{2i}(G \mid L_2) - u_{2i}(G \mid L_1)$——那么 A 的最优选择就是规则 L_1。当相关资产的所有权分散属于$\mathcal{B}$中成员时，同样的道理，只要 $n_1R_1 > n_2R_2$，A 的最优选择就是规则 L_1，只是此时 $R_1 = ER_{1i}(G \mid L_1) - ER_{1i}(G \mid L_2)$ 以及 $R_2 = ER_{2i}(G \mid L_2) - ER_{2i}(G \mid L_1)$。综上所述，可得到的基本结论是：只要条件 A、B1 和 C 成立，如果广义立法权力一开始配置给 A，当 $n_1R_1 > n_2R_2$ 时就有最优的制度规则 L_1。

接下来讨论的是广义立法权力一开始配置给$\mathcal{B}$的状况。回头看基准命题，假设条件 A、B 和 C 同时成立，那么公共选择机制是无关紧要的，因为只要任何的公共选择机制——不论是“少数服从多数”规则还是一人决策的独裁规则——显示了$\mathcal{B}$中任一成员的制度规则偏好，由于所有人都有相同的最偏好制度规则，那么得到的始终是“一致同意”的结果。简单来说，只要条件 A、B 和 C 同时成立，用不同公共选择规则来表示$\mathcal{B}$中成员“一致同意”的结果，并没有什么意义。

假设现在成立的条件并不是 A、B 和 C，而是 A、B1 和 C，那么群体$\mathcal{B}$就需要通过某种公共选择机制在 L_1 和 L_2 之间进行选择。如果采取最常见的“少数服从多数”的投票规则，那么只要 $n_1 > n_2$，L_1 就会被选择；反之，如果有 $n_1 < n_2$，被选择的则是 L_2。

但是，如果允许$\mathcal{B}$中的成员进行相互交易并且交易费用为零，那么上述条件 $n_1 > n_2$ 或 $n_1 < n_2$ 就是不充分的，因为其并没考虑到总的收益状况。例如，在 $n_1 > n_2$ 的场合，若 L_2 为$\mathcal{B}_2$ 带来的净收益 n_2R_2 高于 L_1 为$\mathcal{B}_1$ 带来的净收益 n_1R_1，$\mathcal{B}_2$ 就会支付其部分净收益以使得$\mathcal{B}_1$ 中的成员放弃对 L_1 的选择；在 $n_1 < n_2$ 的场合同理。

实际上，无论是什么样的公共选择规则，只要该规则产生的决策结果至少体现了$\mathcal{B}_2$（或$\mathcal{B}_1$）中一位成员的最优制度规则偏好，如果有 $n_1R_1 > n_2R_2$（或 $n_1R_1 < n_2R_2$）满足，那么$\mathcal{B}_1$（或$\mathcal{B}_2$）就会向$\mathcal{B}_2$（或$\mathcal{B}_1$）

支付 n_2R_2（或 n_1R_1）的总价，使之放弃对 L_2（或 L_1）的偏好，最终产生"一致同意"的结果 L_1（或 L_2）。也就是说，只要条件 A、B1 和 C 成立，如果广义立法权力一开始配置给群体$\mathcal{B}$，当 $n_1R_1 > n_2R_2$ 时就有最优的制度规则 L_1。

将上述的分析做进一步的推广和一般化，假定群体$\mathcal{B}$中的子群体 $\{B_1, \cdots, B_m\}$ 分别对应最偏好规则为 $L_1, L_2, \cdots, L_m$ 的群体，且有 $n \geq m$ 和 $\cup_{j=0}^{m} B_j = B$。子群体 $\{B_1, \cdots, B_m\}$ 对应的人数分别为 $\{n_1, \cdots, n_m\}$，人数允许为0。显然，当 $n_jR_j > \sum_{l \neq j} n_lR_l$ 时，仍然有以上"一致同意"的结果，因为群体 B_j 有能力支付足够的代价，使其他所有人放弃最初的选择而选择制度规则 L_j。但实际上"买下"所有人的选择往往是不可能的，一般来说顶多只能够"买下"部分人的选择。但有一点是可以肯定的：拥有最大收益 nR 的群体必然是能够使最多人数放弃其原先选择的群体。那么，最大收益的群体就会获得决策权力，决定使用怎样的制度规则；而其他群体也会选择服从，因为这至少比无法实行任何规则 ϕ 时的结果要好。这和广义立法权力配置给 A 时 A 最大化自身收益的结果是一样的。

上述的原理通过图 3 - 1 来说明会更加清楚。图 3 - 1 显示的是制度规则 $L_j \in \mathcal{L}$（$L_j \neq \phi$）对于不同个人而言的收益大小分布。从最左边数起第一个矩形表示最偏好制度规则为 L_j 的群体 B_j 中所有成员的净收益总和，矩形的高度表示净收益，宽度表示群体中的成员数量。对于群体 B_j 中的任一成员来说，净收益表示其在最偏好制度规则 L_j 下的收益与其在次偏好制度规则下的收益之差。从左边数起第二个矩形开始，表示的是最偏好制度规则为 L_j 的那些团体的收益。例如，从左边数起第二个矩形宽度表示将 L_j 置于第 2 偏好水平的群体，其人数为 $n^{(2)}$，其净收益 $-R^{(2)}$ 表示群体中任一成员在制度规则 L_j 下的收益与其在最偏好的制度规则下的收益的差，是负数。以此类推，直至第 m 个矩形。此外，还假定同一群体内的所有成员均是同质的。

由于 $j = 1, \cdots, m$，故可依次画出 m 个图形。假定图 3 - 1 中斜线阴影部分的面积等于点阴影部分的面积，从图中可见，对于最偏好制度规

则为 L_j 的群体 B_j 来说，如果制度规则 L_j 被实际执行，那么群体 B_j 的总体净收益 n_jR_j 最多只能够“收买”将 L_j 置于第2和第3偏好水平上的群体（即 $n_jR_j = n^{(2)}R^{(2)} + n^{(3)}R^{(3)}$），使其放弃对最偏好规则的选择。依此类推，最终被实际执行的制度规则必然是使得最左边矩形面积 nR 最大的那个，因为其具有最大的“收买”能力。

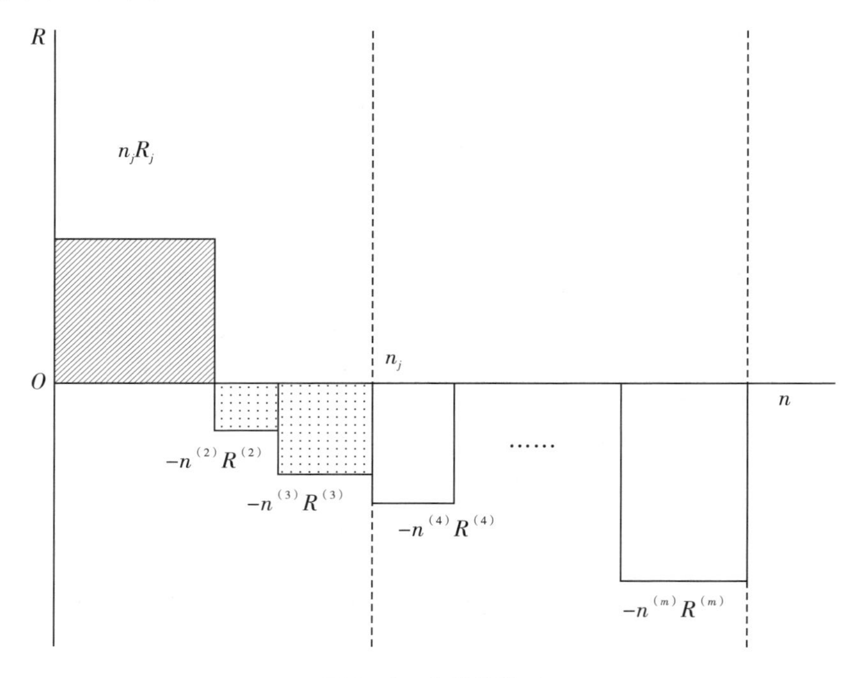

图3－1　离散的情形

如果允许同一群体内的个人不同质并且在连续的情形下，图3－1可表现为图3－2的形式，其中大于零的部分表示最偏好制度规则为 L_j 的个人收益，小于零的部分表示最偏好制度规则非 L_j 的个人收益，收益均从大到小依次排序。

假定在图3－2中，斜线阴影面积Ⅰ等于点阴影面积Ⅱ，那么 n_j 表示最偏好规则为 L_j 的群体所能够“收买”的最大人数。设 γ 为少数服从多数规则中的“多数值”，当 $\gamma \leq n_j/n$ 时，能够产生最大净收益 nR 的制度规则显然会被最终执行，因为其能够为起决定性作用的 γ 个人提供最大的支付；同样地，当 $\gamma > n_j/n$ 时，被最终执行的制度规则仍然是能够产生

最大净收益 nR 的制度规则，因为这能够使得起决定性作用的 γ 个人中无法得到补偿的人数最少；其他任何群体能够补偿的个人，拥有最大净收益的群体都能够补偿得起，使之放弃选择，并且还有剩余去补偿其他群体未能补偿且在 γ 范围内的个人。这意味着在最大净收益制度规则下无法得到转移补偿的个人转而支持其他制度规则的威胁是无效的。总的来看就是，无论 γ 的大小如何，只要允许个人之间进行交易，那么被最终执行的制度规则始终是能够产生最大净收益的制度规则。

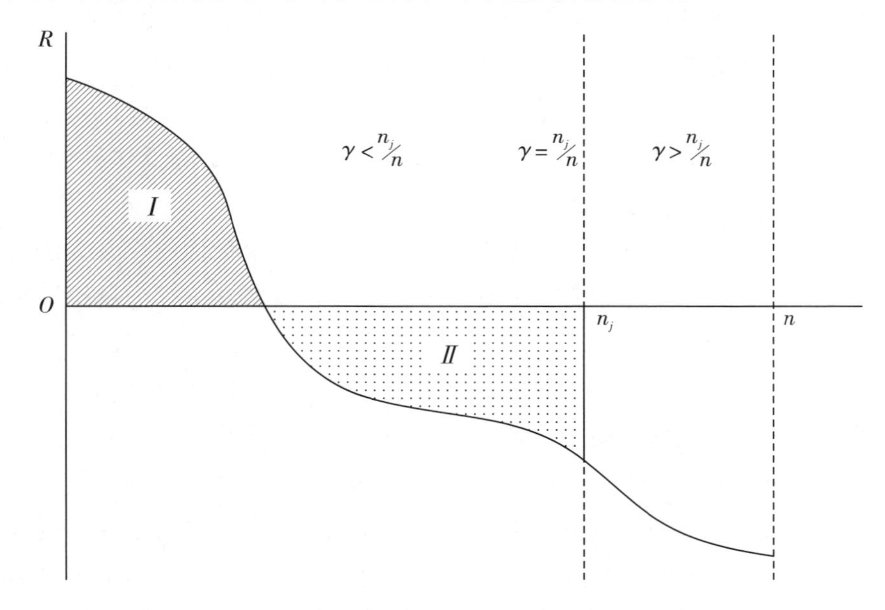

图3－2 连续的情形

综合以上两方面的分析可知：决定使用哪种制度规则的权力（广义的立法权力）无论分配给谁，最终实际执行的规则保持不变，只要同时有 A、B1 和 C 三个条件成立。这样一来，命题 3－1 就可以重新表述为以下命题 3－2 的形式：

命题 3－2：决定使用哪种制度规则的权力（广义的立法权力）无论分配给谁，最终实际执行的规则保持不变，只要同时满足以下三个条件：

A.（制度的经济性与可分离定价条件）选择不同的制度规

则产生的资产增益能够以零交易费用从相关资产的总收益中分离出来；

B1.（竞争性条件）个人之间可相互交易且交易费用为零；

C. 制度规则的立法成本和执行成本为零。

上述关于条件 B1 的讨论，描述的正是 Parisi（2003）等学者所提出的“政治科斯定理”的机制。简单来说就是：只要允许群体$\mathcal{B}$中成员相互交易并且事后谈判费用为零，条件 B 对基准命题的结论而言是无关紧要的。

若进一步深究，上述分析存在以下不现实的地方：人们事实上无法就每一次制度规则的决策来单独决定最优的广义立法权力配置以及最优的公共决策规则，因为这么做的代价实在太高了。为了降低这种代价，通常可供使用的有三种办法：

（1）按一个相对大的范围来划分立法领域，决定最优的广义立法权力配置。在现实中，人们通常是事先指定某个领域的立法权力属于一个相对独立的立法机构或其他社会团体，而另一些领域的则归政府所有；又或者在一个相对独立的立法机构中授予政府一定的行政自由裁量权，使得广义上的立法权力通过这种方式被分享出去。这样一来，便不用就每个极其细微的、具体的领域单独争论和调整广义立法权力的配置了。

（2）按一个相对大的范围来划分立法领域，决定最优的公共决策规则。假定广义立法权力被分配给立法机构而非政府，那么人们也不可能就每一次制度规则的决策来选择一个最优的公共决策规则；即使是使用“多数规则”进行投票，也不可能就每一次的制度规则决策单独给出一个最优的“多数值”。这意味着，对于社会中的任意一个人来说，即使他在眼前的一次投票中给定的“多数值”并不能使其最大可能地获得自己想要的制度规则，但只要他预期这一“多数值”能够在将来给他带来足够多的想要的制度规则，并足以弥补眼前的损失，那么他就会乐意参与这一公共决策制度。因此，人们在眼前一次投票中的损失和相互冲突，并不意味着这种公共决策制度不是“一致同意”的。这一机制在 Rae（1969）和 Attanasi 等（2017）的研究中有详细的数理模型论述，在此不再赘述。

（3）代议制。最后一种降低代价的方法，就是以代议制的形式进行立法。同样假设广义立法权力被分配给立法机构而非政府，随着参与立法过程的人数增加，立法的成本也会随之急剧上升。根据唐斯（Downs，2005）的代议制经济理论，一种有效的替代方式就是由社会公众选择出代表，这个代表提供的不是具体对某项制度规则的支持，而是一种“政治理念”，对于公众来说即是经概率加权打包之后的一系列制度规则。这意味着对于其支持者来说，该代表是最有可能在任期内选择出能为支持者带来最大收益的那个人。

对以上问题的讨论将会深入到历史悠久的公共选择理论的领域，这并非本书的核心内容，因此不做过多的深入讨论。

（三）条件 C 对结论稳健性的影响

条件 C 的作用就和“事后谈判费用为零”对科斯定理的作用相类似。一旦放松这个条件而保持条件 A 和 B 不变，制度规则的立法和执行成本就会导致广义立法权力配置效率的差异。简单来说就是：若其他条件不变，广义立法权力应配置给具有较低立法成本和执行成本的一方。

以相关资产所有权集中的状况为例。若广义立法权力属于 A，那么 A 和 $B_i \in \mathcal{B}$的效用函数分别是：

$$u_A = u_A[\sum t_i(L_k)] - C_A(L_k),\ u_{Bi} = (1-\varphi)u_i(G \mid L_k) \quad (3-28)$$

$$i = 1,\cdots,n,\ k = 1,\cdots,m$$

假设 A 最大化自身收益所得到的解为$\tilde{L}$，那么此时的社会总收益可写为 $W_A = u_A[\sum t_i(\tilde{L})] - C_A(\tilde{L}) + (1-\varphi)\sum u_i(G \mid \tilde{L})$，其中，$t_i(\tilde{L}) = \varphi u_i(G \mid \tilde{L})$。若广义立法权力属于$\mathcal{B}$，则有：

$$u_A = u_A(\sum t_i),\ u_{Bi} = u_i(G \mid L_k) - C_{Gi} - C_i(L_k) \quad (3-29)$$

$$i = 1,\cdots,n,\ k = 1,\cdots,m$$

其中，$t_i = C_{Gi}$。假设群体$\mathcal{B}$最大化自身收益所得的解为 L^*，同理此时的社会总收益则可写为 $W_B = u_A(\sum t_i) + \sum[u_i(G \mid L^*) - C_{Gi}] - C_{\mathcal{B}}(L^*)$，其中 $C_{\mathcal{B}}(L^*) = \sum C_i(L^*)$。接下来需要对比分析 W_A 和 W_B 之间的关系，假

设现有 $W_A > W_B$：

（1）如果不等式 $(1-\varphi)\sum u_i(G \mid \tilde{L}) > \sum[u_i(G \mid L^*) - C_{Gi}] - C_{\mathcal{B}}(L^*)$ 以及 $u_A[\sum t_i(\tilde{L})] - C_A(\tilde{L}) > u_A(\sum t_i)$ 同时成立，那么 A 和 $B_i \in \mathcal{B}$ 都会共同选择将广义立法权力配置给 A。

（2）如果不等式 $(1-\varphi)\sum u_i(G \mid \tilde{L}) > \sum[u_i(G \mid L^*) - C_{Gi}] - C_{\mathcal{B}}(L^*)$ 以及 $u_A[\sum t_i(\tilde{L})] - C_A(\tilde{L}) < u_A(\sum t_i)$ 同时成立，那么群体$\mathcal{B}$将愿意向 A 支付一笔补偿 C，该补偿满足 $(1-\varphi)\sum u_i(G \mid \tilde{L}) - \sum[u_i(G \mid L^*) - C_{G_i}] + C_B(L^*) > C > u_A(\sum t_i) - u_A(\sum_{t_i}(\tilde{L})) + C_A(\tilde{L})$，从而使得 A 承担起广义立法权力。

（3）如果不等式 $(1-\varphi)\sum u_i(G \mid \tilde{L}) < \sum[u_i(G \mid L^*) - C_{Gi}] - C_{\mathcal{B}}(L^*)$ 以及 $u_A[\sum t_i(\tilde{L})] - C_A(\tilde{L}) > u_A(\sum t_i)$ 同时成立，同理，此时 A 将愿意向群体$\mathcal{B}$支付一笔补偿 C，该补偿满足 $u_A[\sum t_i(\tilde{L})] - C_A(\tilde{L}) - u_A(\sum t_i) > C > \sum[u_i(G \mid L^*) - C_{Gi}] - C_{\mathcal{B}}(L^*) - \sum u_i(G \mid \tilde{L})$，从而使得 A 能让群体$\mathcal{B}$放弃对广义立法权力的要求。

同理，对于 $W_A < W_B$ 以及相关资产所有权分散时的情形，也可按上述过程进行分析。综上可得：当 $W_A > W_B$ 的时候，广义立法权力应该配置给 A；而当 $W_A < W_B$ 的时候，则应该将广义立法权力配置给群体$\mathcal{B}$。此外，在上述假定之下，这一最优的配置通过 A 和群体$\mathcal{B}$之间的交易就能够自发实现，只要这一交易不存在相应的谈判费用。因此，本结论的内核实质上也是科斯定理，是其一个间接的延伸。

第五节　论“中性立法”的幻象

在前文中，我们已经讨论了“中性政府”的概念是如何作为一个幻象存在于当前的理论中的。在第二章第五节“自由裁量权与‘中性政府’

的幻象”中，我们已论证：假设政府拥有自由裁量权，那么这种权力无论从什么角度来看，都不可能是中性的；即使政府没有自由裁量权，仅仅作为一个单纯的法律执行者存在，那么从立法的层面来看，这种立法权力也不可能是中性的。简单来说，只要涉及权力的配置，不论是行政权力还是立法权力，配置的过程都不可能是中性的，总意味着决定资产剩余用途的权力（即剩余控制权）从一方身上剥夺下来赋予另一方，同时也意味着租金从被剥夺一方向另一方转移。“中性政府”这个概念要有用，就必须将其视为一个开放性的概念来看待；一旦武断地把某种政府组织结构形式赋予这一概念，认为其具有始终如一的最优性，这个概念就会变成一个封闭性的概念，变成一个危险的幻象。为了避免这种危险，还是不要在“政府”前面冠以“中性”的描述为好。关于“中性政府”观念的其他内容，在前面已有详细的讨论，本小节打算更深入地探讨“中性立法”的观念，以及这种观念带来的一系列理论上的困难。

所谓“中性立法”，或许可以解释成制定“中性法律”的过程。而什么构成了“中性的”法律体系呢？按照哈耶克教授在《法律、立法与自由》一书中的论述，“中性的”法律体系应具有以下的性质：

> 法律确实不服务于任何特定的单个目的，而只服务于不同个人的无数的不同目的。法律只为那些在整体上并不为任何人所知道的众多的不同目的提供手段。因此，就目的的一般意义而言，法律并不是实现任何特定单个目的的一种手段，而只是成功追求大多数目的的一个条件。①

因此，一种“中性的”法律体系是某种相对恒久的、稳固的事物，其本身就是有着无数不同目的的不同个人相互协调而产生的结果，而它的运用也是为了不带偏颇地服务于无数不同的利益和目标：

> 一个群体发展起来的行为规则，也不是那种为了实现已知

---

① ［奥］哈耶克：《法律、立法与自由》，邓正来等译，中国大百科全书出版社2000版，第176页。

且特定的目的的手段，而是对以往的经验所表明的那些在我们生活于其间的社会中会反复出现的情势所做的应对或调适。①

社会并不是一个行动着的人，而是经由其成员遵循某些抽象规则而形成的一种有序的行动结构。我们从这个行动结构中获得的好处并不是任何人刻意给予我们的，而是社会成员在追求他们各自利益的过程中普遍遵循某些特定规则的结果。②

哈耶克教授在论述其“中性法律”的理念之后，又将这一概念与政府的行政行为进行了对比分析：

所谓行政措施（administrative measures），我们通常所指的是那种为可以辨别的群体提供某些服务而支配或运用特定资源的措施。③

尽管这些措施的效用不可能被限定在那些愿意为它们所提供的服务付酬的人身上，但是，它们仍旧只是对某个多少能够被明确辨别出来的群体有利，而不是平等地有利于每一个公民。④

用公共资金来支付那些只对一部分出资者有利的服务所需的费用，通常只有在其他人认识到他们自己的其他要求也会以同样的方式得到满足的时候，才会得到他们的同意，因为只有这样，承担的费用与得到的利益之间才可能达致大体的平衡。⑤

毋庸置疑，如果政府成了许多基本服务的排他性提供者，那么它就能够通过确定这些服务的特征以及提供这些服务的条件的方式而对市场秩序的实质性内容施以巨大的影响。因此，这里的重要的问题在于：应当对这种‘公共部门’的规模进行

---

① ［奥］哈耶克：《法律、立法与自由》，邓正来等译，中国大百科全书出版社2000版，第6页。

② 同①，第161页。

③ 同①，第219页。

④ 同①，第218页。

⑤ 同①。

限制，并要求政府对它所提供的各种服务进行协调，从而使这些服务对特定群体所具有的影响无法成为可预见的东西。①

因此，政府的职能也应该具有“中性”，应该“中立”地保障拥有不同利益的个人去实现自身的目标：

政府所能保障的，只是在个人为了追求自己的目的而使用自己知识的行动过程中形成的那种活动秩序的抽象特性，而不是它的肯定性内容（positive content）；当然，政府对这种秩序之抽象特性的保障，乃是通过抽象特性的保障，乃是通过抽象且否定性的规则（abstract and negative rules）对个人间彼此领域的界分而实现的。这里存在着一个不争的事实，即为了使个人最富有成效地运用自己所掌握的信息去追求自己的目的，政府所能够向个人提供的主要帮助就必定是“纯粹”否定性质的（merely negative）。②

为什么一个“中性的”政府对社会而言是有利可图的呢？哈耶克教授认为，其原因就在于“中性”的行政权力运用，有利于激励分散知识的运用：

论证为什么要保障每一个个人有一个众所周知的在其中他可以决定自己的行动的权益领域的理由是，这使他能够最充分地运用他的知识，尤其是他关于时间和地点特殊条件的具体和独一无二的知识。③

抽象法律规则的本质是，它们大概只在运用它们的大多数情况中发挥有益的作用，并且它们事实上只是人们借以学会结

① ［奥］哈耶克：《法律、立法与自由》，邓正来等译，中国大百科全书出版社2000版，第219页。

② 同①，第461页。

③ ［奥］哈耶克：《自由宪章》，杨玉生等译，中国社会科学出版社1999年版，第222页。

束存在于自己身上的愚昧无知的手段之一。①

因此，一个“中性的”政府必须满足：

> 政府的一切强制行动，都必须明确无误地由一个持久性的法律框架来决定，这个框架使个人能带着一定程度的信心来进行规划，使前景的不确定性缩小到最低程度。②

从以上的论述可见，在哈耶克教授的分析中，行政权力或行政自由裁量权的运用是具有显然的再分配性质的，总是“为可以辨别的群体提供某些服务而支配或运用特定资源”的。不过，哈耶克教授继续论述道，只要这种权力受到“中性”法律体系的约束，“使这些服务对特定群体所具有的影响无法成为可预见的东西”，那么行政权力或行政自由裁量权的运用就可同样表现为“中性的”，这样的政府也就同时表现为一个“中性政府”。

哈耶克教授关于“中性立法”和“中性政府”的论述，实际上体现了一种颇为常见的法治观念，这种观念似乎认为：无论在什么条件下，都应当尽可能地缩减政府的行政自由裁量权，使之成为“中性的”法律体系的执行者；而要获得“中性的”法律体系，一种不屈从于特定目标的、独立于行政权力之外的立法过程必不可少。在法律学领域颇为流行的“税收法定原则”等各种法定原则，似乎正是以这种观念为基础。当然，本章的理论并不否定将这种法治观念及其衍生出来的各种原则作为一种有限经验规律的有效性，但如果要将它们转变成一种先验的、无可争议的理论原则来看待，按本章的分析，这其中可能会隐含着可怕的混乱。而我在此想指出的，就是那些可能存在的、我们必须努力避免的混乱。

第一个混乱是由法律体系的“抽象性”引起的，这种“抽象性”决定了法律体系的所谓“中性”只具有相对的性质，超出抽象的限度来讨

---

① ［奥］哈耶克：《自由宪章》，杨玉生等译，中国社会科学出版社1999年版，第226页。

② 同①，第352页。

论的法律体系，总会在某种程度上具有行政措施的特征。这在前文已有详细分析，在此不再赘述。

第二个混乱的地方是，这种观念隐含着立法权力得到了某种形式配置的假定，而该假定并没有严格的理论作为支撑。即使现实中存在所谓绝对的中性法律体系，我们依然需要决定：谁被允许制定“中性的”法律？谁有权宣称自己制定的法律是“中性的”？如果制定“中性的”法律是有利可图的，为什么政府不能胜任这一重担，而必须由相对独立的立法机构来承担？依据本文的理论，在一个交易费用不为零的现实世界中，构建一个“法治政府”不应意味着不顾现实约束、一味缩减政府立法的范围和领域，而应意味着让制定规则的权力掌握在拥有适当激励的一方手中。不可否认，缩减政府的自由裁量权、规范并缩小政府立法的范围和领域，特别是“税收法定原则”的不断落实，都有利于建设一个廉洁奉公、开放包容的政府。但同时，也需要警惕那种认为剥夺政府立法权力就能解决一切问题、自动实现法治的盲目观点，警惕那种将各类“法定原则”视为理所当然的趋向——实际上，根据本章的理论，立法权力到底应该由谁掌握，牵涉着包括立法成本、执行成本、受影响资产的所有权分布以及制度边际收益的衡量成本等各种复杂因素，需要极其审慎地考量和权衡。例如，当受影响资产的所有权分布松散且衡量制度边际收益的交易费用高昂时，过大的政府立法权力就可能会导致对私人产权的侵害；当受影响资产的所有权分布集中于政府且衡量制度边际收益的交易费用相对较低时，政府立法就可能是有效率的，此时盲目缩减政府的立法权力，只会导致公共资产被社会公众掠夺和价值消散。因此，对于包括“税收法定原则”在内的各种法定观念，与其认为是一种先验的、无可违背的原则，倒不如认为是一种经验的规律，其效果须视具体的环境而定。

霍尔姆斯（Holmes）和桑斯坦（Sunstein）在《权利的成本：为什么自由依赖于税?》（2004）一书中，从税收与法律权利的关系出发，也反驳了“中性立法”和“中性政府”的观念。作者指出：“作为一个一般规则，不幸的个人如果不是生活在有税收能力和能够提供有效救济的政府下，他就没有法律权利可言。无政府意味着无权利。事实上，当且仅

当有预算成本时，法律权利才存在。”[①] “权利的成本意味着提取和再分配公共资源的政府部门实质上影响着我们权利的价值、范围以及可行性。”[②] 这意味着税收与私有财产紧密关联，没有税收就没有私有财产，私有财产“是国家行为的创造物”；“政府不仅必须为市场经济的运作奠定基本的立法和行政基础，而且还可以使市场体制更加有效率。……只有国家可以创造充满活力的市场”[③]。因此，“所有的权利都是昂贵的，因为所有的权利都以纳税人资助的有效地进行监控和实施的监督机构为先决条件”[④]。正如本章的理论模型所揭示的那样，只要法律会带来资产收益和成本的变化，法律及其所界定的权利就不可能是中性的。霍尔姆斯和桑斯坦也指出，在预算总量给定的条件下，预算支出结构的安排反映了保护不同权利的边际投入变化，财产是有选择性地而不是公平地保护财产所有者[⑤]；政府不负责任地过度保护权利反倒会使得民众不负责任地忽视责任[⑥]。“在本质上，权利施加了责任，正如责任产生了权利一样。为了保护权利，一个负责任的政府必须负责任地使用从负责任的公民那里收集的资源。不要哀痛于为了权利虚构的责任牺牲，应该追问到底哪种具体权利和责任的互补可能给予资助它们的社会最大的利益。”[⑦]

总而言之，不管从哪个角度对政府和立法的功能进行思考，对于建立在“中性政府”或“中性立法”观念上的所有理论，我们都应该持有一种开放的、经验的和批判的态度，时刻注意其中隐藏的混乱之处，然后谨慎地避免把一些具体的经验现象当作必然成立的先验原则接受下来。本书之所以把“中性政府”和“中性立法”称为幻象，理由就在于提醒读者这两个概念在运用过程中存在的危险。

---

① ［美］霍尔姆斯、桑斯坦：《权利的成本：为什么自由依赖于税?》，毕竟悦译，北京大学出版社2004年版，第6页。

② 同①，第15页。

③ 同①，第45－49页。

④ 同①，第27页。

⑤ 同①，第97页。

⑥ 同①，第100页。

⑦ 同①，第127页。

第六节 财产观念、资产所有权结构对立法权力分配的影响

本节的一个核心理论是：广义立法权力的配置效率，与社会的财产观念以及资产的所有权结构紧密相关；社会的财产观念变化和资产所有权结构的变迁，是引致广义立法权力重新配置的重要因素。

根据本节的理论，除非“立法者”与其他资产所有者之间的税收或转移支付合约是一份“完备契约”，否则资产的所有者结构就决定了谁对制度规则带来的资产价值变化最为敏感，从而决定了谁才具有充分的激励去选出使社会资产价值最大化的制度规则。

资产所有权对广义立法权力配置效率的影响主要包括两个方面。

首先是财产观念的变化。社会的财产观念体现着一个社会将何种事物视为具有经济价值的资产或财货，也反映着不同资产在社会经济中的相对重要性。例如，在早期的农业社会中，土地可能构成了社会经济的最核心资产，其受到制度规则变化的影响最大，对制度规则变化也最为敏感，同时也是国家收入的重要来源；在这种条件下，由土地所有者构成国家的主要立法者，对整个社会而言都是有好处的。但随着城市工商业的发展，土地资产对社会经济增长的重要性相对下降，工商业资本的重要性相对上升，这意味着工商业资本和资本家逐渐取代土地资产成为国家收入的重要来源，制度规则变化导致的社会资产价值变化更大程度上反映在工商业资本所有者身上。此时，广义上的立法权力由土地资产所有者向工商业资本所有者转移，对社会来说就是有好处的。同理，随着人们越来越认识到科学技术和人力资本在社会经济中的作用，这些资产的重要性就会相对于传统的工商业资本和土地资产有所提高，广义立法权力此时就应当进一步地向拥有科学技术和人力资本的公民扩散。

其次是资产所有权结构的变迁。根据前面的理论，资产所有权结构反映的是，受制度规则变化影响的资产所有权归谁控制。如果不考虑专用性投入带来的经济收益，当受制度规则变化影响的资产全部控制在特

定个人或社会团体手中时，只要资产的所有者对制度规则变化造成的资产价值变化足够敏感，那么由其控制资产并进行制度的选择，对社会来说就是有效率的；相反，如果制度规则变化影响的资产分散地归社会中的个人或团体所有，除非能设计出完备的税收或对政府的转移支付机制，否则组织一个外部的立法机构（不论是代议制还是其他形式），将广义立法权力更大程度地配置给分散的个人，将政府变成单纯的行政执法机构，对社会来说就是更有利的。

由于资产所有权的界定和维持存在交易费用，制度规则变化对资产价值的边际影响测度也须耗费大量的人力和物力，并不是任何形式的资产都能有效地实现国有化，因此，社会财产观念的变迁往往也伴随着资产所有权结构的变迁；资产所有权结构与财产观念两种效应，通常是并行发挥作用的。例如，当土地和工商业资本等资产更容易为政府控制，且制度规则对这些资产带来的边际价值变化也相对容易测度时，只要这些资产仍然是社会经济发展中的重要资产，一个处处受到政府管制的经济体制或“计划经济”体制就完全有可能产生良好的经济表现；但对于科学技术知识和人力资本等资产，政府既要在其上建立所有权，又不致损害相关的专用性投入，是十分困难的事情。因此，伴随着科技知识和人力资本等资产的社会经济重要性的提高而提高的，往往并非政府直接占有和控制这些资产，而是广义立法权力在社会上的分散化，以及外部立法机构的地位和作用提升、政府的法治约束不断收紧。

财产观念之变化、所有权结构与立法权力分配之间的关系，应说得上是一个庞大的经济史研究课题。比尔德（Beard）在《美国宪法的经济解释》一书中就研究了美国联邦宪法与社会财产结构之间的关系，认为联邦宪法主要体现的是动产所有者——尤其是公债持有者——的利益；恩格斯也在《家庭、私有制与国家的起源》一书中通过原始社会的历史论述了私有产权与国家权力之间的关系。由于本人水平有限，尚无法就此进行系统、深入的论述。因此，本小节的分析只能视作理论引出的假说，其有效性仍有待更细致的数据分析。

第七节　论“租金国家”与“税收国家”

从前文的论述可见，当交易费用存在时，制度规则导致的资产边际价值变化就会难以测度，此时资产所有权的分布就会影响广义立法权力的配置效率；只有在交易费用不存在、制度规则导致的资产边际价值变化极易测度的场合，资产所有权的分布才是无关紧要的。依据这一结论，我们可以对“租金国家”和“税收国家”的概念，以及所谓“租税替代”问题进行一些更深入的讨论。

在过往的研究中，“租金国家”通常又称为“所有者国家”，意指国家掌握了资产的所有权，是资产剩余控制权及其租金的拥有者，因此，财政收入也主要来源于资产剩余控制权带来的租金。“税收国家”则是一个与“租金国家”相对的概念，它并不直接掌握资产的所有权，资产所有权广泛地分散于私人部门；税收国家主要通过提供公共服务（工商管理、司法、环境保护等）为私人财产带来增益，并从这增益中获取相应的税收收入（Schumpeter，1918；李刚，2004；盛洪，2012；邹秀清，2014）。政治权力与资产所有权的分离，是租金与税收分离的根源，也是“租金国家”与“税收国家”分异的根本原因（马克思，1990①；杨斌、雷根强，1993；盛洪，2012）。我们可以用前文的“广义立法权力最优配置理论”来考察这两个概念。结合过往研究的定义，在前文的理论模型中，当政府是资产所有权的控制者时，就称这样的国家为“租金国家”；反之，当资产所有权分散于私人部门时，就称这样的国家为“税收国家”。

① 马克思在《资本论》第三卷中提出，若国家同时既是土地所有者也是主权者，那么税收和土地租金是一致的：“如果不是私有土地的所有者，而像在亚洲那样，国家既作为土地所有者，同时又作为主权者而同直接生产者相对立，那么，地租和赋税就会合为一体，或者不如说，不会再有什么同这个地租形式不同的赋税。”（参阅［德］马克思《资本论》第三卷，恩格斯编，中共中央马克思恩格斯列宁斯大林著作编译局译，人民出版社1990年版，第891页）

在定义了“租金国家”和“税收国家”之后，一个自然的问题就是：两者之间究竟有何关系？

首先，租金和税收的分离，并不意味着两者的断然割裂，只是意味着附着于资产之上的不同权利价值被清晰算价。以土地所有权的租金和税收为例：

> 所谓“租税分离”是指收租权与征税权不再同属于同一个主体，而是分别由不同主体拥有但并不意味着，租和税对应的土地稀缺性和保护产权服务两者之间关系的疏离。在租税分离后，收租权及其对应的对稀缺性的调整的服务，征税权及其对土地上劳动成果的保护服务，通过收租权所有者与征税权所有者的社会分工与合作，仍然产生着互补的作用，使得土地产权可以得到保护和有效行使。换句话说，一个土地私有产权只有同时兼有收租权与征税权所对应的服务，才算完整。……如果没有征税权以及相关的保护产权服务，收租权或土地产权就不会存在；如果没有级差地租的存在以及相关的土地产权交易，土地的配置就不能改进，土地产权的效率就不能充分发挥，从而不能为征税权提供相应充分的税负。这就是我们称租与税是同源的原因。[①]

因此，结合前文的理论也可见到，相对于“租金国家”，“税收国家”的高效运行有赖于准确测度制度规则导致的资产边际价值变化，并以此作为计税的基础。由于测度制度规则导致的资产边际价值变化通常要耗费巨大的交易费用，因此，政府作为制度规则的执行者，对私人财产因制度规则而发生的资产边际价值变化是不敏感的，因此需要将立法权力从政府手中剥离。这就是“税收国家”一般来说会与“法治国家”相关联的根本原因。而在“租金国家”中，国家控制了资产的所有权，只要保证资产面临着充分的市场竞争，且国家所有权不会引起私人部门专用

① 盛洪：《论租税同源、分离与互替》，载《制度经济学研究》2012 年第 4 期，第 1－25 页。

性投资激励的大幅度削弱，那么即使不把立法权力从政府手中剥离，也能确保国家会按社会最大化的利益行事（张五常，2009）。但不管是“租金国家”还是“税收国家”，都必须以资产价值的实现作为基石。

其次，给定资产的价值，“租金”与“税收”之间存在一定的替代关系。例如，黄少安等（2012）运用数理模型和1998—2008年中国规模以上工业企业数据进行研究发现，在静态框架下，政府财政收入满足“租税等价”原理，政府通过土地租金融资和通过税收融资是等价的，总收入水平与土地资源总量相关而与融资方式无关。但在动态框架下，政府财政收入在长期中满足“租税等价”原理，而在短期内则服从“租税替代”关系，即政府财政收入来自房地产的租金收入越高，则来自其他行业的税收收入越低。其中，“租税等价”意味着租金和税收完全替代，而“租税替代”则是指不完全替代的状况。王雪婷和胡奕明（2018）在1999—2015年的上市公司数据中，同样发现了上述“租税替代”的规律。

实际上，运用前面的“广义立法权力最优配置理论”可知，当交易费用不存在、制度规则导致的资产边际价值变化极易测度时，即使土地为政府所有，但政府所提供的公共服务的价值，可准确地反映在土地租金的边际变化之上，此时政府对资产价值变化是敏感的，能够按照社会最大化的利益行事。在相同的条件下，如果土地所有权分散于私人部门，那么政府也能够按照社会最大化利益行事，因为政府所提供的公共服务的价值，能够很容易从私人部门的资产上计算并分离出来，从这个意义上说，政府对制度规则带来的资产边际价值变化同样是敏感的。此时，“租金”和“税收”之间是完全替代的，或者说租金和税收是“等价”的，不管通过何者来为财政筹资，都不会引起政府行为的变化，也不会引起经济效率的变化。已有研究也在不同程度上指出了这一点（张五常，2009；黄少安等，2012；Terry，2014）。

然而，已有研究的不足也是很明显的：第一，绝大多数关于“租税替代理论”的研究，都将租金等价于“土地租金”，这种狭隘的观念实际上没能把握“租金”和“税收”关系的实质；第二，“租金”和“税收”之间的替代所产生的影响，既没有与资产的所有权变化相联系，也没有与立法权力的配置效率相联系。接下来本节将此两方面展开补充的论述。

（1）“土地租金”的概念，实际上可推广成资产所有权或剩余控制权的租金；土地租金仅仅是剩余控制权租金的一种特殊形式罢了，只是单纯针对土地资产而言的剩余控制权租金。关于租金的含义，“寻租理论”一章已有详细的探讨，在此不再赘述。将“租税替代理论”中的“土地资产”概念推广到一般形式的资产是有好处的，更有助于我们看清“租金”和“税收”关系的实质。从历史来看，随着财产观念的变化以及生产要素的构成渐趋复杂，社会中“资产”的含义会不断改变，作为国有化对象的资产也会随之改变。从最原始的土地到现代的科学技术、知识产权和人力资本等，所有构成“资产”概念的事物都可能成为国有化的对象。因此，正如“税收国家”的征税对象可能广泛分布在各类资产上一样，“租金国家”的所有权占有对象也可能是各类不同的资产，而不仅限于土地。在本文的理论框架中，“租金国家”意味着政府直接占有资产的剩余控制权，资产边际收益中归因于政府公共服务的部分并不进行严格的分离定价，因此，财政收入直接来源于资产的租金收入。但相对地，在“税收国家”中，政府并不直接占有资产，资产所有权分散地由私人部门占有；政府对资产施加的影响仅限于明确的法律条款，私人部门在运用资产时事前是清楚地知道这些约束的，并会清晰地写入与资产相关的合同之中，因此，“法无禁止即可为”，私人部门拥有对资产的剩余控制权，对于无法写入合同的那些资产用途，具有完全的决定权。因此，在“税收国家”中，“租金”和“税收”是分离的，计征税收需要清楚地界定公共服务为资产带来的边际增益，以及政府的运作成本；而在“租金国家”中，政府公共服务的价值则是直接混在资产的收益之中的。资产剩余控制权配置的差异，是“租金国家”与“税收国家”的根本性差异。

但从现实来看，“租金国家”与“税收国家”之间的界限并不像理论上所讲的那么明确，两者之间的边界实际上十分模糊。一方面，即使法律上一项资产属于政府所有，但政府可能并不直接占有所有的剩余控制权租金，而是雇用职业经理人对资产进行管理，同时通过政府监管机构分享资产的剩余控制权。这么做的原因在于：占有全部的剩余控制权租金会弱化市场竞争的约束，降低相关的生产专用性投资的激励，最终得不偿失。例如，中国在20世纪80年代初的“两步利改税”实际上就是重新调整政府对资产剩余控制权租金分享的一次改革。另一方面，即使法律上一项资产属于私人部门所有，但这种名义上的所有权也可能是不完全的。如果法律赋予了政府一定的自由裁量权去影响私人财产的用途，那么这种名义上的私人财产的剩余控制权就被政府分享了。总的来说，“租金国家”与“税收国家”之间的界限往往是模糊的，政府和私人部门对资产的剩余控制权不能单看名义上的归属，而是要具体地考察剩余控制权及其租金是如何在政府和私人部门之间分割的。

（2）在“租税替代理论”中，不论是完全替代还是不完全替代，租金和税收之间的替代，绝不仅仅是租金收入和税收收入在“量”上的替代那么简单，而是用一种所有权结构替代另一种所有权结构，这意味着它们是不同的剩余控制权租金分配以及不同的专用性投资激励方式。过往的研究在这方面论述较少。

根据前面的分析，当交易费用不存在、制度规则导致的资产边际价值变化极易测度时，即使资产为政府所有，但只要政府所提供的公共服务的价值能准确地反映在资产价值的边际变化上，那么政府就会按照社会最大化的利益行事。同样地，当交易费用不存在时，由于政府所提供的公共服务的价值能够很容易地从私人部门的资产上进行分离计算，那么即使资产所有权分散于私人部门，政府也能够按照社会最大化利益行事，因为此时政府对制度规则带来的资产边际价值变化也是敏感的。在这种状况下，租金和税收之间是完全替代，用哪种方式为财政筹资没有任何区别，既不会改变政府的行事方式，也不会影响经济的效率。

但当交易费用存在时，无论是在长期还是在短期，都可能发生租金和税收之间的不完全替代，其根本原因在于：两种财政筹资方式之间的剩余控制权租金并非完全等价。在这一场合下，用租金替代税收，意味着政府部分或全部占有私人财产的剩余控制权，这可能产生以下的后果：第一，正如“寻租理论”部分所述，这会降低私人部门生产专用性投资的激励，从而降低总产出，最终导致由此获得的租金收入少于原先的税收收入；第二，税收的收入来源一般来说相对广泛，能够较好地反映政府公共服务价值在私人部门中的分布，但国有化的资产通常较为有限，即使是像土地那样普遍用于经济活动的资产，也往往不能充分地反映政府公共服务价值。因此，用租金替代税收，可能会使得政府面临扭曲的激励，从而偏离使社会利益最大化的行事方式，除非有充分的市场竞争和资产流动性对其施加约束。

更重要的是，租金与税收之间的替代，还可能会引起立法权力配置效率的变化。假设一开始立法权力与政府分离，掌握在专门的立法机构手中，若此时把原来属于私人部门的资产国有化，以租金收入替代税收收入为财政筹资，那么由于失却了资产的所有权，私人部门就不再对制度规则带来的资产价值变化敏感，其立法权力的行使可能会偏离社会利益最大化的目标，从而导致对公共资产的掠夺和财政支出的盲目扩张。相反，假如一开始立法权力掌握在政府手中，资产也为政府所有，若此时把资产私有化，用税收收入替代租金收入，那么由于失去了资产的所有权，政府同样也不再对制度规则带来的资产价值变化敏感；除非所提供的公共服务的价值很容易从私人部门的资产上进行分离计算，否则政府也就无法再按社会利益最大化的方式制定和执行法律制度。也就是说，“租金国家”将税收隐藏在土地租金及其出售的商品和服务价格之中，其本质就是将“国家”隐藏在其中，地价和物价的上涨尚且能够掩人耳目地归咎于其他经济因素；但当“租金国家”向“税收国家”转变，开始统计分散的个人财产并据以征收所得税或财产税时，“国家”到底占了个人生活的多大比例、拿走了个人财产多大的份额，就立马在每个人面前暴露无遗了。这时候，政府遵照分散的财产所有者所制定的法律规则行事，才更有可能符合社会的总体利益。

第八节　减税的制度效应

依据上述的理论，我们还可以进一步从制度的视角探讨减税的经济效应。关于减税的经济效应，到目前为止已有浩如烟海的文献对此进行了讨论。但由于脱离了本书主旨，在此不深入这一领域。本节尝试着运用上述的理论，对理解减税在制度方面产生的经济效应提供一点简单的参考信息。

通过减税来刺激经济，是现代国家的常见经济政策；但减税带来的经济影响绝不仅仅是数量上的，在某些情况下，它还会产生制度性的影响。从前面的理论模型来看，减税之所以会产生制度方面的经济效应，根本原因在于税收可被视为一种对政府的“转移支付机制”，这种机制通过细致的税收条款，保证了政府对自身决策带来的社会资产价值变化保持足够“敏感性”，从而激励政府选择对全社会来说具有最优效率的政策或制度。通常我们习惯了将税收视为调节企业和个人行为激励的措施，但市场交换是“相互的”，税收既然联结着企业、个人与政府，税收自然也是调节政府行为激励的措施。因此，减税不单意味着财政和国民收入数量上的变化，还可能意味着政府的行为激励方面的改变。

在不同的条件下，政府实施减税的动机可能会有所不同。在此仅讨论两种可能的情况。

一种情况可能是，政府实施减税的目标在于换取公民的私人信息。对于政府的行政管理来说，公民的财产、户籍、犯罪和信用记录、婚姻家庭状况等私人信息是不可或缺的，这也是政府进行政治、社会和经济等方面决策不可或缺的关键信息资产。政府通过附带条件的减税，通过税率优惠或税金返还等方式，吸引纳税人申报和提交关键的私人信息。但如果纳税人对政府并不信任，认为政府搜集和掌握这些信息只是为了将来的掠夺性征税或严苛的管制做准备，纳税人就可能部分甚至全部隐瞒这些信息，放弃一时的减税收益。在这种情况下，减税的意义就会大打折扣。

另一种情况可能是，政府实施减税的目标在于舒缓政治压力。在这种情况下，政府减税只是为了“讨好公民，换取其政治支持”；也可能是由于公民的不服从情绪日渐剧烈，征税成本高昂，政府通过减税来缓解这种抵抗压力。但这么做的一个可能后果是：国家开始从“税收国家”向“租金国家”转变，政府日渐依靠国有财产等非税收入为财政筹资。根据前文的理论，由于收入来源的收窄，政府渐渐变得只为少数的利益团体提供服务；如果此时政府的资产不能提供足够的“敏感性”以激励政府选择对社会而言具有最优效率的政策或制度，那么这种减税只会使政府的行政管理能力日渐败坏。因此，减税不应意味着使政府与纳税人脱钩；一旦脱钩，就是政府行政管理能力败坏、公共服务日益与公民脱

节的开始。

综上可见，在考虑到制度性的影响时，即使不考虑财政支出方面的压力，减税对政府来说也不是一件容易的事情；减税和增税一样，都需要以卓越的行政管理能力作为支撑。

第九节　对潜在反驳意见的回应

关于“广义立法权力的最优配置理论”，一个可能的质疑是：如果说资产所有权结构是影响广义立法权力配置效率的关键因素，那么，又是什么决定了资产的所有权结构呢？难道资产的所有权结构不正是取决于制度规则，因此是立法权力的结果吗？难道不正是制度规则决定了资产权利的边界吗？如果对上述问题的回答是肯定的话，那么就不可避免地会出现逻辑上的混乱，所谓“资产所有权”也会变成难以解释的事物。

实际上，只要我们将“广义立法权力”也视作资产剩余控制权的一部分，与资产其他形式的剩余控制权区分开来，问题就迎刃而解了。

第一，将“广义立法权力”视作资产剩余控制权的一部分是什么意思呢？我们已经知道，制度规则本身就是人们决定资产用途的一种方式；制度规则“抽象地”决定了在预见的处境下资产应当如何被使用。一个人占有资产的所有权，即意味着他拥有资产的剩余控制权，在合约未加规定的场合下，能以自己的方式决定资产的用途。从这个意义上来说，拥有“广义立法权力”本身就意味着拥有相关资产的部分剩余控制权，权力的拥有者能够按自己的意愿决定资产应遵循何种“抽象规则”被使用；广义立法权力本身就是资产所有权的一种表现形式，本身就是资产剩余控制权的一部分。举例来说，一个地区的房产会因为该地区实施了良好的治安条例而形成溢价，这部分溢价相当于将盗窃或强占行为的收益界定给了房产的建造与维护行为；就给定的一项制度规则来看，似乎正是制度规则决定着资产的所有权。但事实上，制度规则往往不是外生给定的，而是选择的结果，从多种不同的制度规则中选择出实际被使用的制度规则，这本身就是一种“权力”，决定着资产应以何种方式被使用，从而影响资产的价值。在上述的例子中，如果房产所有者（不管运用怎样的公共决策机制）有权力决定哪种治安条例应被采用，这实质上相当于以“抽象规则”的方式决定了资产的剩余用途，因此，治安条例的制定权力应被计入房产的资产所有权之中。

第二，如果说“广义立法权力”是资产剩余控制权的一部分，那么是否可以按通常的观点说资产所有权本身就是立法权力运用的结果呢？从上述的分析可知，其实不妨将资产所有权分成两部分来看：一部分是通过“立法权力”实现的那部分剩余控制权，另一部分是其他剩余控制权。通常来说，资产以“立法权力”实现的那部分剩余控制权，往往难以与资产的其他剩余控制权分割开来，或者说分离两者的交易成本极高。继续用上面的例子来看，在一个拥有良好治安条例的地区中，房产以“立法权力”实现的那部分剩余控制权，一般来说即指保护建造、维护、销售或租赁等行为不受盗窃和强占侵扰的权利；但是在具体的状况下，一些用途例如外观、环保等（这个举例是随意的）可能受盗窃的损害相对较小，甚至有些用途可能根本不受“立法权力”的影响，不管是在怎样的制度规则下，这些用途的价值几乎不会变化。无论是低估还是高估了“立法权力”运用对其他剩余控制权的影响，总会使得某些收益或损害未被计算，运用“立法权力”的“价格”因此也是不清楚的。资产所有者当然可以委托独立的第三方来选择适用的制度规则，但要保证这种立法权力被有效地运用，资产所有者就必须与立法者签订一份完备的合同，将资产以“立法权力”实现的那部分剩余控制权跟资产的其他剩余控制权分割开来，准确计算并清楚列明不同制度规则的收益和成本。但在现实中进行这种权利分割是代价高昂的，在这种场合下，资产以“立法权力”实现的剩余控制权与资产的其他剩余控制权同时为相同主体所有，才具有经济效率。因此，我们不能说资产所有权是立法权力运用的结果，因为立法权力本身就是资产剩余控制权的一部分。准确的说法应该是：给定制度规则下的资产剩余控制权，才是立法权力运用的结果。

因此，总的来说，广义的“立法权力”应被视作资产剩余控制权的一部分，唯有给定制度规则下的资产剩余控制权结构，才能说是立法权力运用的结果。理论上，资产剩余控制权可分为两部分，一部分是以

“立法权力”实现的剩余控制权，另一部分是其他剩余控制权。前文中所说的“资产所有权”，其实指的是后者。当两部分剩余控制权能以零交易费用分割开来时，立法权力的归属就无关紧要了；但当两部分剩余控制权的分割具有极高交易费用时，以“立法权力”实现的剩余控制权与其他剩余控制权混在一起同时为相同主体所有，就会是经济的。这正是本章数理模型得到的核心结论。

第十节　本章小结

本章从理论的角度，回答了以下的问题：谁应该拥有决定制度规则的权力？什么因素影响着这种权力的配置？如何配置制定制度规则的权力，才能够得到与社会利益相一致的制度规则？基于科斯定理（Coase，1960），本章运用数理模型证明了以下的命题：假定制度规则的制定和执行成本为零且允许人们以零交易费用相互进行交易，那么不论资产归谁所有，只要制度变化对资产价值的边际影响极容易测量，那么制度由谁来制定、以何种方式制定，实际上是无关紧要的，都能得到使资产价值最大化的制度规则；当假定不再成立时，决定使用哪种制度规则的权力，就应该赋予对制度规则带来的资产价值变化最敏感的一方，以及具有最低制定成本和执行成本的一方。本章为解释制度规则决定权力的配置及其原因，以及配置效率发生转变的条件，提供了一个简洁的、一致的理论框架。

更重要的是，本章的理论框架将广义立法权力的配置效率与社会的财产观念、资产所有权结构紧密联系在了一起；说明了引起立法者决策偏离“最优效率制度”的根本原因，在于资产所有权结构导致了不同资产所有者对制度规则带来的资产价值变化敏感程度不同。如果立法者作为某类资产的所有者，对不同制度规则带来的资产价值变化不敏感，同时也没有完备的税法或转移支付机制保证这种敏感性，那么立法者的决策就可能会大大偏离具有最优效率的制度。

此外，本章还在核心理论的基础上，探讨了“中性立法”观念之虚妄、“租金国家”与“税收国家”之关系，以及减税的制度影响等问题。

第四章　官僚体制的最优结构理论

前面的寻租理论和政府最优边界理论（Hart 等，1997）从不完全契约出发，研究了在什么条件下，政府应管制市场，什么时候应让市场竞争和“试错”机制发挥作用；什么时候政府应该雇用一名公务员来提供服务，在什么条件下又应该在市场上签订一份政府购买合同来提供服务。当政府在给定的职能范围内决定雇用多名公务员来完成一项任务时，又应如何安排这些公务员之间的科层制结构呢？这是官僚体制的最优结构理论需要解决的问题。本章主要研究官僚体制结构效率的决定因素。

首先，本章考察了“非营利性”约束如何使得政府官僚体制中的科层制结构显然区别于企业的科层制结构，这一约束又是如何影响政府官僚体制的内部结构的；其次，本章从更一般的角度考察事前与事后信息的剩余控制权配置如何改变官僚体制结构的效率，并揭示“非营利性”约束如何通过改善事前决策的效率，从而提升事前信息作为一种资产在官僚体制中的价值。

第一节　官僚体制与“非营利性”约束

哈特和摩尔（Hart and Moore，2005）首次从不完全契约、剩余控制权和租金分配的角度讨论了最优科层制的结构问题，但这对于官僚体制理论来说，仍存在不足，因为它尚未解释以下的关键问题：运用于公共事务中的政府组织的科层制，如何区别于运用于市场竞争中的企业的科层制？为何“非营利性”的约束往往从外部施加给政府组织，而不会施加到企业组织的头上？这对政府官僚体制的结构又会产生怎样的影响？

对官僚体制来说，“非营利性”是一个重要的约束，甚至是根本性的约束。人们通常所说的法治性的官僚体制，是从上到下都受到公务员法等行政法的约束的；即使是再专断的行政首脑，也往往不会对外宣称行事是为了最大化自身的利益、为了在一切可能的交易机会中最大化自身的资产价值。依据“非营利性”可引申出对政府的一系列控制手段，例如各领域的“非人格化”规则或法治化原则、平衡预算等。虽说企业组织也会有局部的“非营利性”特征，特别是在履行各种社会责任的时候，但总的来说，企业的科层组织还是以营利作为第一要务的。但相对地，如果有哪个政府组织声称自己把营利作为第一要务，那么人们就会觉得它基本上远离了廉洁和公正了。当然，完全“非营利性”的政府官僚体制和完全“营利性”的企业组织之间，有着一个连续的“光谱”，有许多中间情况：拥有较大自由裁量权且掌握大量生产过程所需资产的政府，行事也往往会像企业家一样，如改革开放之初中国的县乡政府官员（张五常，2009）；营利能力再强的企业，也会受到外部法律的约束，并非所有营利行为都是被允许的；即使是个人，行事也不是每种情况都依赖理性的经济计算，人们不仅受到明文法律的约束，而且也会依赖习惯、传统和长久形成的价值观，利用这些前人积累下来的、但自己往往并不了解其用途的“智慧”，就像一个遵纪守法的官僚那样行事。总之，中间的情况总能找到很多例子，但对于构建一个理论而言，我们只要考虑两端的理想情形即可。

关于政府官僚和企业家之间的区别，韦伯（Weber，2006）曾写道：

> 官僚体制的行政管理意味着根据知识进行统治：这是它所固有的特别合理的基本性质。……知识即专业知识和实践知识，在其利益的范围内，一般只有有关的私营赢利者，才处于比官僚体制更加优越地位，也就是说，资本主义的企业家占优势地位。企业家是唯一确实对官僚体制、合理的知识统治的不可避免性具有（至少相对的）免疫力的阶层。在群众性的团体中，一切其他的人都不可避免地陷入官僚体制的主宰之中，正如在

> 大规模的货物生产中，他们必然受到事务的精密机器统治的制约一样。①

“以形式主义避免任性专断”，也是政府官僚的核心特征之一。不过，必须清楚的是，在完全契约的条件下，若政府拥有完全的自由裁量权，无须依据任何既定的法律规则行事，那么和企业组织相比，将没有任何的区别，所有的资产都能够得到最有效率的使用；即使政府不拥有自由裁量权，若既定的法律规则是事无巨细“完备”的，考虑了所有可能的情况，并指明了在这些情况下应如何按最大化资产价值行事，那么政府组织和企业组织也没有任何的区别，此时在法律约束下的政府和拥有完全自由裁量权的政府，行事是一模一样的。但在不完全契约的条件下，“非营利性”的外部约束就不是无关紧要的了。

本章首先在哈特和摩尔（Hart and Moore，2005）最优科层制结构理论的基础上，引入对科层组织的“非营利性”约束的讨论，并证明了以下的命题：一个有效率的官僚体制结构，应该允许较上级的官僚做出“高瞻远瞩”的、带有人格化色彩的政治决策，而较下级的官僚则应当日复一日地、以“非人格化”原则去执行规定。只有这样，“形式主义”才不会产生弊病。“形式主义”的弊病，主要是上级官僚把具有过大决策空间的政治决策层层“打包下压”导致的。只要上级官僚承担了过大的、难以通过明确程序或技术执行的职能，且试图把履行这些职能的责任层层下压到下级官僚的头上，“形式主义”的弊病就会屡禁不止。在这种情况下，只有通过建立严格的、逐级落实责任的“负责制政府”，将各级政府官僚的职能和权责通过法律固定下来，才能在行政官僚机构内部出发，改进“形式主义”的弊病。因此，官僚体制中备受诟病的“形式主义”并不一定是坏事。“形式主义”之所以会变成坏事，原因在于它被用在了

---

① ［美］韦伯：《经济与社会》（第一卷），林荣远译，商务印书馆2006年版，第250页。

错误的地方。[①] 如果法律比行政官僚具备更多关于社会利益的认知，法律所提供的解决问题的手段十分清楚有效且可用客观指标来衡量，那么“形式主义”对社会来说是有好处的。“形式主义”之所以备受诟病，纯粹是因为它被赋予了不恰当的任务目标。

对官僚体制进行准确定义是一件困难的事情，特别是考虑到政府“官僚”（governmental bureaucracy）和私人部门“官僚”（private bureaucracy）之间的差异和联系时，尤其如此。政治学和经济学在运用“官僚体制”（bureaucracy）或“科层制”（hierarchy）的概念时，通常并没有严格区分政府和企业的“官僚制”或“科层制”的形式，也没有对导致两者间差异的那些因素进行深入探究，探讨这些因素是怎样随着社会经济环境的变化不断生成和消失的，又是如何因人的行为选择变化而不断变迁的。本章尝试在这方面做出边际贡献。

在早期的文献中，韦伯将“官僚组织”定义为满足以下九项特征的组织形式：①人身自由，仅依职务义务服从权威；②依明确界定的官职等级组织起来，各官职有明确的合法权限范围；③官职依自由契约充任；④候选人依专业资格遴选，是任命而非选举；⑤固定薪金报酬，有权领养老金；⑥官职是专职的；⑦升迁以资历或绩效为准，取决于上司评价；⑧官职工作与行政手段所有权分离，且不得占用他的职位；⑨官职行为

---

① 在现实中，消极地“因循守旧”或“照章办事”与积极地做“表面功夫”或者“阳奉阴违”，两者之间可能存在较大区别。在政治学的术语中，官僚体制中的形式主义和官僚主义更大程度上指后者，特指那些专做表面功夫和官样文章、对上级指示阳奉阴违和敷衍了事的行为，以及那种“用会议贯彻会议，以文件落实文件”等脱离公众、脱离实际的工作作风；形式主义和官僚主义是求真务实和为民服务的反义词。

但从经济学的观点来看，只要在低交易费用条件下能够设计出一份完备的契约，或者说只要规则制定得当且足够细致，那么即使下级刻意去做表面功夫和官样文章，也不会产生阳奉阴违、脱离公众的状况，就像市场中自利的企业，只要遵循价格和利润的指示行事就能为需求者提供良好服务一样；当规则制定不当且留下较大的事后讨价还价空间时，对规则的遵从就可能会导致效率的偏差，具体表现为因循守旧、官样文章、阳奉阴违等弊病。至于遵从规则是消极地“照章办事”还是刻意地做“表面功夫”，这种涉及行为人动机的问题实际上是无法用经济学原理回答的，这可能更多地属于政治学或社会学方面的问题。

受系统严格的纪律约束和控制。[1] 韦伯认为，官僚制的核心特征是“讲究形式”，其功用在于平衡各种相互冲突的利益团体。

唐斯在韦伯的定义的基础上进一步精简和补充了“官僚组织”的定义，认为官僚组织是满足以下四项特征的组织形式：“①大型组织；②组织中的绝大多数成员是全职人员，且大部分收入依靠组织中的工作；③初期雇用的人员的提升、留用和评估方式，至少都是基于他们在组织中的职责而定，而非按照个人特征（宗教、种族、年龄等），或者由官僚组织的外部选民选出的官员评定；④其产出的主要部分并不是直接或间接地由组织外部的市场通过平衡机制来评估。”[2]

对比唐斯和韦伯的定义可见，唐斯从经济学的角度论述了“官僚组织”之所以区别于其他的组织形式，原因在于其产出无法通过市场价格机制来进行评估。在唐斯之前，米塞斯也持有相同的观点。[3] 但这仍不足以对政府官僚制和企业官僚制之间的差异给出清楚的界定，因为企业内部成员和政府内部成员相类似，其边际价值都无法直接以其对组织的产出贡献来衡量。奥尔森也指出，政府官僚制存在的根本原因是市场失灵（market failure），即官僚体制中的成员的“边际产出”无法在市场上以清晰的价格来衡量；但对于私人部门的官僚制（企业组织）而言，尽管其内部成员的“边际产出”可能存在难以计价的问题，企业外部仍面临着一个市场的环境，其产品或服务可清楚地按市场方式计价。[4] 这就是政府和企业的最大区别。

尼斯坎南（Niskanen）针对韦伯和唐斯的定义中的缺陷指出，“非营利性”约束是政府官僚组织区别于企业组织的根本特征。他提出，“官僚机构是非营利性组织，它至少在一定程度上是依靠周期性拨款或赠款获

---

① 参阅［美］韦伯《经济与社会》（第一卷），林荣远译，商务印书馆2006年版，第246页。

② ［美］唐斯：《官僚制内幕》，郭小聪等译，中国人民大学出版社2006年版，第28页。

③ Mises：*Bureaucracy*. Indianapolis：Liberty Fund，2007.

④ 参阅《新帕尔格雷夫经济学辞典》中由奥尔森撰写的关于“Bureaucracy”一词的解释。

得财政资助”。更具体来说，“官僚机构”是满足以下特征的组织：“①这些组织的所有者和被雇用者并不挪用收益与成本之差的任一部分作为个人收益；②这一组织的再生收益的某些部分并不来自感召单位价格销售产品。”[①] 尼斯坎南认为，韦伯和唐斯定义的各项官僚体制特征，只是上述两项特征的派生结果。但尼斯坎南在分析过程中是将“非营利性”约束或“平衡预算”约束视为一个假定接受下来的，而并没有讨论为什么这一约束对于政府官僚组织来说是理性选择的结果，但对企业组织来说却不是。哈特和摩尔（Hart and Moore，2005）的研究首次从权力和租金分配的角度讨论了最优科层制的结构问题，但这对于官僚体制理论来说是不够的，因为它尚未解释以下的关键问题：运用于公共事务中的政府组织的科层制，如何区别于运用于市场竞争中的企业的科层制？为何“非营利性”的约束往往从外部施加给政府组织，而不会施加在企业组织的头上？这对政府官僚体制的结构又会产生怎样的影响？本章将在上述研究的基础上进一步回答这些问题，并分析官僚体制中的“形式主义”行为在什么情况下有利于增加社会利益，在什么情况下会产生弊病，以及应如何对此进行治理。

第二节 “非营利性”约束的最优性问题

首先，在行动主体方面，假设同时存在政府和私人部门两个主体，两者均能够投入资源去维持和保护特定权利及其带来的租金，但对不同的主体来说，提供投入的构成可能大不相同，因此该项投入由政府或由企业自身来提供，可能有着效率上的差异。举例来说，即使没有公权力来保障和实施专利权或债权等，私人部门也会想办法投入资源去做；更一般地说，即使没有公权力去保护某种权利，私人部门也会投入资源去维持自身的利益，只要投入的资源不至于抵消由此带来的租金收益即可。

---

① ［美］尼斯坎南：《官僚制与公共经济学》，王浦劬译，中国青年出版社 2004 年版，第 15 页。

当维持一个政府或其他第三方机构来保护权利耗费更低时，我们就说用公权力界定和维持权利降低了租金消散（rent dissipation）。此外，在主体的行动上，由于从事前看，私人部门中任一企业或个人都是在“无知之幕”（veil of ignorance）下做出资源投入决策的，也是在“无知之幕”下决定把维持权利的投入能力转交给政府是否划算，因此，处于“无知之幕”下的私人部门中的主体，都是同质的。这样一来，我们就可以将注意力放在一个有代表性的“私人部门”身上，只须假设存在一个政府和一个有代表性的私人部门即可。本章的官僚体制理论围绕这两个行动主体展开，不仅要研究在什么时候投入应由政府或私人部门来实施这种传统的问题，而且还要在此基础上进一步论证，为什么施加在政府官僚头上的“非营利性约束”是必要的，而对市场中的私人部门来说，则是多余的。

其次，关于收益、成本与最优化行为假定。第一，私人部门的收益来源于向市场上的需求者提供产品和服务，这种收益不仅反映了产品或服务在技术层面为需求者带来的满足，也反映了一定契约形式或权利结构带来的租金增益，而获取这种租金是需要专用性投入的。参照哈特（Hart，1995）的做法，为简洁起见，不妨忽略投入中可订约部分的影响，而仅考虑其中不可订约的部分；也就是说，投入中可订约部分是给定的，私人部门仅通过调整专用性投入以最大化其获得的租金。第二，至于政府的收益和成本方面，政府通过向私人部门提供和维持一定的契约形式或权利结构，以获取一定的租金收入。这也就是说，政府与私人部门的专用性投入之间存在替代性，私人部门维持一定权利的努力可由政府的公权力取代。同样地，不考虑投入中可订约部分的影响，政府也仅仅通过调整专用性投入以最大化能从私人部门获得的租金。

需要注意的是，无论是政府还是私人部门，专用性投入都与“无知之幕”中的状态相关。给定一种权利结构，当按照这种权利结构定义的“侵犯”频繁发生时，往往就需要投入大量的资源来纠正这种“侵犯”，以维持权利结构；但当这种“侵犯”几乎很少发生时，维持权利结构的投入就几乎仅限于一些常规性的程序。因此，将上述观点更抽象地表述，即从事前来看，“无知之幕”中的各种状态都可能以某种概率在将来发

生，而应对特定的状态也需要有特定的专用性投入。这意味着政府和私人部门的收益和专用性投入都可以从概率期望的角度来理解。

由于在现实中，维持一定权利结构的专用性投入既不是全部由政府来实施，也不是全部由私人部门来实施，而通常是两者皆有，只是两者比例在不同场合下有所不同，因此，在此假定维持一定权利结构的收益，是政府和私人部门同时进行专用性投入的结果，将该收益记为 $R_k(i_k^E, i_k^G)$，其中 $i_k^E>0$ 是私人部门的专用性投入，$i_k^G>0$ 是政府的专用性投入。函数 $R_k(i_k^E, i_k^G)$满足以下的性质：

$$\frac{\partial R_k}{\partial i_k^E} \geqslant 0, \frac{\partial R_k}{\partial i_k^G} \geqslant 0 \tag{4-1}$$

$$\frac{\partial^2 R_k}{\partial i_k^{E2}} \leqslant 0, \frac{\partial^2 R_k}{\partial i_k^{G2}} \leqslant 0, \frac{\partial^2 R_k}{\partial i_k^E \partial i_k^G} = \frac{\partial^2 R_k}{\partial i_k^G \partial i_k^E} = 0 \tag{4-2}$$

$$R_k(0,0) = 0 \tag{4-3}$$

其中，式（4-1）和式（4-2）表示专用性投入的增加伴随着可获租金的增加，但该边际增量是不断递减的；政府和私人部门的专用性投入是相对独立的，各自带来的租金增量分离可加。式（4-3）则表示，零专用性投入总是对应着零租金，因此不存在无须耗费代价即可维持的权利租金，结合式（4-1）可知，不管在何种条件下，非零的专用性投入相对于零专用性投入的状况，总能够带来更多的收益。此外，记 V 是“无知之幕”中的各种状态的集合，k 表示其中的任一元素。又假设状态 k 发生的概率是 $f(k)$，那么关于状态的分布函数可记为 $F(k)$，$f(k)$ 也就是关于状态的密度函数。需要特别说明的是，我们暂且假定$f(k)$ 是私人部门和政府的共同知识，随后讨论对这一假定放松时的状况。基于上述假定，我们可给出两种情形下的政府和私人部门收益函数。

第一种情形，假定政府拥有“权力”（authority）或行政自由裁量权，即政府可通过相应的专用性投入要求分享私人部门的剩余控制权，从而要求获取相应的租金。此时私人部门和政府的收益分别为：

$$\Phi_{E1} = \int_V [mR_k(i_k^E, i_k^G) - i_k^E] f(k) \mathrm{d}k \tag{4-4}$$

$$\Phi_{G1} = \int_V [(1-m)R_k(i_k^E, i_k^G) - i_k^G] f(k) \mathrm{d}k \tag{4-5}$$

其中，m 表示私人部门获得的租金比率，相应地，$1-m$ 即政府获得的租金比率。私人部门和政府对所有的 $k \in V$ 选择最优的 i_k^E 和 i_k^G，以最大化自身的期望净租金，那么就有以下的一阶条件：

$$m\frac{\partial R_k}{\partial i_k^E}-1=0,\forall k \in V \tag{4-6}$$

$$(1-m)\frac{\partial R_k}{\partial i_k^G}-1=0,\forall k \in V \tag{4-7}$$

记上式所得的解为 $\hat{i}^E=\{\hat{i}_k^E \mid k \in V\}$ 和 $\hat{i}^G=\{\hat{i}_k^G \mid k \in V\}$，此时私人部门的最大化租金为 $\Phi_{E1}^*=\Phi_{E1}^*(\hat{i}^E,\hat{i}^G)$，政府的最大化租金为 $\Phi_{G1}^*=\Phi_{G1}^*(\hat{i}^E,\hat{i}^G)$。

第二种情形，假定政府不拥有行政自由裁量权，仅仅是给定权利结构之下的单纯执法者，是按照某种清晰可辨的程序执行规定的主体。在这种情形下，政府从私人部门处获得的收入只是刚好弥补执行程序的“必要成本”①。假定这一成本为 g，其余假定与上相同，那么可得私人部门和政府的收益分别为：

$$\Phi_{E2}=\int_V[R_k(i_k^E,g)-\hat{i}_k^E-g]f(k)\mathrm{d}k \tag{4-8}$$

$$\Phi_{G2}=g-g=0 \tag{4-9}$$

式（4-9）中，政府净租金收益为零，即表示政府所面临的“非营利性”约束，这一约束使得政府无法获取“权力”引致的租金，只是作为单纯的法律执行者存在于社会之中。同样地，假定私人部门选择最优的 i_k^E 以最大化自身的期望净租金，那么就有以下的一阶条件：

$$\frac{\partial R_k}{\partial i_k^E}-1=0,\forall k \in V \tag{4-10}$$

$$\Phi_{G2}=0 \tag{4-11}$$

记上式的解为 $\tilde{i}^E=\{\tilde{i}_k^E \mid k \in V\}$，那么，此时，私人部门的最大化租

---

① 实际上，所谓“必要”的成本，在交易费用非零的现实世界是一个十分模糊的概念。在此首先假定这种成本的“必要性”是清晰可辨的。这一假定放松之后会出现怎样的状况，在后文会继续讨论。

金为 $\Phi_{E2}^{*}=\Phi_{E2}^{*}(\tilde{i}^{E},g)$，政府的最大化租金为 $\Phi_{G2}^{*}=0$。比较两种情况下的一阶条件不难发现，有 $\tilde{i}_{k}^{E}\geqslant\hat{i}_{k}^{E}$，对于任意 $k\in V$ 成立。

在分析了两种情形下的最优化问题及其解之后，我们可以讨论它们之间的关系。首先，假定最终的目标是要使社会整体的期望净租金 $\Phi_{E}^{*}+\Phi_{G}^{*}$ 最大化；其次，私人部门和政府都要满足激励相容约束，即当从一种情况转变到另一种情况时，无论是私人部门还是政府，处境都不会变得更差。假使我们像科斯定理（Coase，1960）所说的那样，允许事后的再谈判和一次性的总体支付（其交易费用为零），那么要使政府“非营利性”约束变成有利可图的话，就需要满足以下的条件：

$$\Phi_{E1}^{*}+\Phi_{G1}^{*}\leqslant\Phi_{E2}^{*}+\Phi_{G2}^{*}=\Phi_{E2}^{*}\qquad(4-12)$$

$$\Phi_{E1}^{*}\leqslant\Phi_{E2}^{*}-t\qquad(4-13)$$

$$t\geqslant 0\qquad(4-14)$$

$$\Phi_{G1}^{*}\leqslant\Phi_{G2}^{*}+t=t\qquad(4-15)$$

式（4－12）表示“非营利性”约束下的社会总体的期望净租金要大于无“非营利性”约束时的状况；式（4－13）是私人部门的激励相容条件，表示当政府面临“非营利性”约束时，私人部门能获得更大的期望净租金；式（4－14）中的 t 表示一次性的总体支付，其数量不小于零；式（4－15）是政府部门的激励相容条件，表示政府接受一次性的总体转移支付后，受到“非营利性”约束要更合算。我们把式（4－4）和式（4－5）分别代入式（4－13）和式（4－15）中，可得：

$$[ER_{k}(\tilde{i}_{k}^{E},g)-g]-mER_{k}(\hat{i}_{k}^{E},\hat{i}_{k}^{G})-t\geqslant E(\tilde{i}_{k}^{E})-E(\hat{i}_{k}^{E})\geqslant 0\qquad(4-16)$$

$$E(\hat{i}_{k}^{G})+t\geqslant(1-m)ER_{k}(\hat{i}_{k}^{E},\hat{i}_{k}^{G})\qquad(4-17)$$

需要注意的是，不等式（4－16）有着特别的经济含义。该式表示当投入组合从（$\tilde{i}^{E}$，$\hat{i}^{G}$）转变成实施“非营利性”约束时的组合（$\tilde{i}^{E}$，g）后，私人部门会拥有更大的总租金，并且这一总租金的增量在弥补专用性投入的追加之后仍有余；又或者说，政府的固定专用性投入 g 相比存在行政自由裁量权时的 $\hat{i}_{k}^{G}$，能够为私人部门带来更大的边际产出，同样这一边际增量在弥补专用性投入的追加之后仍有富余。不等式（4－17）

则表示政府在接受了来自私人部门的一次性总体支付之后，“非营利性”约束不会使其处境变差。由于本章主要探讨政府官僚体制的结构与行为，后面将始终假定不等式（4－16）是成立的，变化主要发生在 $(1-m)R_k(\hat{i}_k^E, \hat{i}_k^G) - \hat{i}_k^G = \Phi_k^*$、$f(k)$ 以及由两者导致的 t 的变化之上。

然而，当不存在事后的再谈判和一次性的总体支付时，使政府“非营利性”约束有利可图的条件就会变成：

$$\Phi_{E1}^* + \Phi_{G1}^* \leqslant \Phi_{E2}^* + \Phi_{G2}^* = \Phi_{E2}^* \quad (4-18)$$

$$\Phi_{E1}^* \leqslant \Phi_{E2}^* \quad (4-19)$$

$$\Phi_{G1}^* \leqslant \Phi_{G2}^* \quad (4-20)$$

同理，把式（4－4）和式（4－5）分别代入式（4－19）和式（4－20）中可得：

$$[ER_k(\tilde{i}_k^E, g) - g] - mER_k(\hat{i}_k^E, \hat{i}_k^G) \geqslant E(\tilde{i}_k^E) - E(\hat{i}_k^E) \geqslant 0 \quad (4-21)$$

$$E(\hat{i}_k^G) \geqslant (1-m)ER_k(\hat{i}_k^E, \hat{i}_k^G) \quad (4-22)$$

对比上面不等式（4－16）的结果，不等式（4－21）并没有什么特别的变化，重要的变化出现在政府方面：对比不等式（4－17），不等式（4－22）表示政府在接受了“非营利性”约束之后，收益必然不会变得更高。这很好理解，只要获取和维持“权力”的支出足够低，那么拥有权力总是比没有权力要好，因为这种剩余控制权总是能够为其带来净租金收益，而“非营利性”约束剥夺了政府获取这一净租金的能力和途径。因此，在不允许事后再谈判和一次性总体支付的时候，不等式（4－22）在逻辑上是不可能出现的，因为这违背了政府是理性经济人的假定——如果从事前的角度看，$(1-m)ER_k(\hat{i}_k^E, \hat{i}_k^G)$ 是被政府预见到的期望租金，那么它不可能会选择一个大于该期望租金的期望专用性投入水平。因此，逻辑上成立的，顶多只能是 $(1-m)ER_k(\hat{i}_k^E, \hat{i}_k^G) = E(\hat{i}_k^G)$。

综合上述的分析，我们可以得到以下的命题：

命题4－1：如果关于状态的分布 $F(k)$ 为共同知识，且允许交易费用为零的事后再谈判和一次性总体支付，那么，只要私人部门提供的支付 t 足以补偿政府放弃行政自由裁量权的租金损失 $(1-m)ER_k(\hat{i}_k^E, \hat{i}_k^G) = E(\hat{i}_k^G)$，对政府实施“非营利性”约束就是有利可图的。

命题4－2：如果关于状态的分布 $F(k)$ 为共同知识，但不允许交易费用为零的事后再谈判和一次性总体支付，那么，政府拥有行政自由裁量权总是比没有时要好。

上面的命题4－1和命题4－2实际上就是科斯定理的另一种表述。其中，命题4－2特别说明了：从租金配置的角度来看，权利界定不可能是中性的，总是意味着将一方的租金赋予另一方；在允许交易费用为零的事后再谈判和一次性总体支付的场合，这不会改变租金最大化的事实，但当事后再谈判和一次性总体支付不再被允许时，这一事实就会被改变。这两个命题只是简单地把科斯定理用于分析行政自由裁量权分配时得到的直接结果而已，并没有让我们对官僚体制增加新的认识。本章主要关注的是关于状态的分布 $F(k)$ 不再为共同知识时引起的变化。

根据前面的分析，已知有以下的表达式：

$$ER_k(\hat{i}_k^{\mathrm{E}},\hat{i}_k^{\mathrm{G}}) = \int_V R_k(\hat{i}_k^{\mathrm{E}},\hat{i}_k^{\mathrm{G}})f(k)\,\mathrm{d}k \tag{4－23}$$

$$E(\hat{i}_k^{\mathrm{G}}) = \int_V \hat{i}_k^{\mathrm{G}} f(k)\,\mathrm{d}k \tag{4－24}$$

假设此时 $F(k)$ 不再是共同知识，私人部门知道真实的 $F(k)$，但政府不知道，只能通过主观的估计获得一个并不准确的分布 $F_G(k)$，于是上式可改写成：

$$ER_k(\hat{i}_k^{\mathrm{E}},\hat{i}_k^{\mathrm{G}} \mid f_{\mathrm{G}}) = \int_V R_k(\hat{i}_k^{\mathrm{E}},\hat{i}_k^{\mathrm{G}})f_{\mathrm{G}}(k)\,\mathrm{d}k \tag{4－25}$$

$$E(\hat{i}_k^{\mathrm{G}} \mid f_{\mathrm{G}}) = \int_V \hat{i}_k^{\mathrm{G}} f_{\mathrm{G}}(k)\,\mathrm{d}k \tag{4－26}$$

在这一并不准确的分布 $F_G(k)$ 下，政府可能被赋予了“无知之幕”中某些实际上不大可能发生的状态过高的权重，同时又被赋予另一些实际上极可能发生的状态过低的权重；可能给予在某些状态下的受益群体过高的评价，同时也给予了在另一些状态下的受益群体过低的评价。在这种条件下，根据前面的广义立法权力最优配置理论，如果允许了政府过大的行政自由裁量权，那么这种准立法权力就会选择并执行一种无法使社会利益最大化的制度规则。

政府自由裁量权运用所面临的这一困境，是政府官僚体制区别于企业科层体制的一个根本原因。政府在运用资产和实施权力的时候，不仅难以判断“无知之幕”掩盖下人们对自身未来所处状态的真实概率评估，而且当特定状态发生时，相关主体的收益和损害也很难估价。因此，政府“生产行为”的结果是很不确定的。恪守规则之所以会变成行政官僚体制的一个明显特征，原因就在于用对“生产程序”的控制替代了对“生产结果”的控制，因为没有市场化的方式能够提供一份交易合同对“生产结果”进行清楚的描述和评价。而处于市场竞争中的企业，虽然其内部也具有与政府官僚体制相类似的科层结构，但就其面临的外部需求环境来说，与政府是迥然不同的，这也导致了企业科层体制与政府官僚体制之间的本质区别。第一，由于就特定处境下的产品和服务需求签订合约的成本相对较低，企业向社会提供生产和服务时，通常并不需要估计人们在“无知之幕”下的期望收益以及拥有不同收益评价的人在社会中的分布，不需要面对“众口难调”的困难；它只需要“见风使舵”，就眼前的特定处境去捕捉自身能力可及的最大化盈利机会。第二，即使是在需要制定和执行抽象规则的场合，这些规则的影响通常也仅仅局限于企业所面对的明确的交易对象，只有在超出了这一界限时，才可能会引起外部法律的管制。因此，企业对不同规则所带来的资产价格变化是十分敏感的，依靠市场竞争机制和企业家精神，就能使企业执行令交易对象收益最大化的规则，无须像行政官僚那样死守规矩行事。第三，企业所面对的交易对象尽管是明确的，但这是一种在特定处境下的“明确”，它们实际上会随着市场条件的变化而急遽变化，需求者的流动和偏好调整都是瞬息万变的；而政府面对的“需求者”尽管其偏好和收益难以估计，但其范围限定在一个行政区域内却是大致固定的，且其公共产品需求也通常在一个较长的时间内不变。总而言之，对企业科层体制构成外部约束的，主要是市场中适时而变的交易合同；但对政府官僚体制构成外部约束的，则主要是稳定的法律。对政府的“需求”的自身性质，就决定了政府唯有在更大程度上“照章办事”才能使自身资产价值最大化。其中，法律本身就是一种合同的形式。

回到原先的分析中。将式（4－25）和式（4－26）代入（4－6）中可得：

$$\Phi_{E1}=\int_V[mR_k(i_k^{\mathrm{E}},i_k^{\mathrm{G}})-i_k^{\mathrm{E}}]f(k)\,\mathrm{d}k \tag{4-27}$$

$$\Phi_{G1}=\int_V[(1-m)R_k(i_k^{\mathrm{E}},i_k^{\mathrm{G}})-i_k^{\mathrm{G}}]f_{\mathrm{G}}(k)\,\mathrm{d}k \tag{4-28}$$

求解上述的最大化问题，可得到同样的专用性投入水平 $\hat{i}^E$ 和 $\hat{i}^G$。由于私人部门知道真实的 $F(k)$，其均衡时的收益保持不变；但是，由于在政府收益函数中，真实的 $F(k)$ 现在变成了 $F_{\mathrm{G}}(k)$，因此均衡时的收益发生了变化：

$$\Phi_{\mathrm{E1}}^{*}=mER_k(\hat{i}_k^{\mathrm{E}},\hat{i}_k^{\mathrm{G}})-E(\hat{i}_k^{\mathrm{E}}) \tag{4-29}$$

$$\Phi_{\mathrm{G1}}^{*}|f_{\mathrm{G}}=(1-m)ER_k(\hat{i}_k^{\mathrm{E}},\hat{i}_k^{\mathrm{G}}|f_{\mathrm{G}})-E(\hat{i}_k^{\mathrm{G}}|f_{\mathrm{G}}) \tag{4-30}$$

此时，使“非营利性”约束有利可图的条件式（4－16）和式（4－17），就可重新改写成以下形式：

$$[ER_k(\tilde{i}_k^{\mathrm{E}},g)-g]-mER_k(\hat{i}_k^{\mathrm{E}},\hat{i}_k^{\mathrm{G}})-t\geqslant E(\tilde{i}_k^{\mathrm{E}})-E(\hat{i}_k^{\mathrm{E}})\geqslant 0 \tag{4-31}$$

$$t\geqslant(1-m)ER_k(\hat{i}_k^{\mathrm{E}},\hat{i}_k^{\mathrm{G}}|f_{\mathrm{G}})-E(\hat{i}_k^{\mathrm{G}}|f_{\mathrm{G}}) \tag{4-32}$$

这时，政府在允许一次性总体支付下面临的激励相容约束，就是用有偏的 $F_G(k)$ 而非真实的 $F(k)$ 来表达的。记：

$$\Phi_k^{*}=(1-m)R_k(\hat{i}_k^{\mathrm{E}},\hat{i}_k^{\mathrm{G}})-\hat{i}_k^{\mathrm{G}} \tag{4-33}$$

于是：

$$\begin{aligned}\Phi_{\mathrm{G1}}^{*}|f_{\mathrm{G}}&=\int_V\Phi_k^{*}f_{\mathrm{G}}(k)\,\mathrm{d}k\\&=(1-m)ER_k(\hat{i}_k^{\mathrm{E}},\hat{i}_k^{\mathrm{G}}|f_{\mathrm{G}})-E(\hat{i}_k^{\mathrm{G}}|f_{\mathrm{G}})\end{aligned} \tag{4-34}$$

有了上面的要件，接下来可进行比较分析。比较条件式（4－17）和式（4－32），若有 $\Phi_{\mathrm{G1}}^{*}|f_{\mathrm{G}}\geqslant\Phi_{\mathrm{G1}}^{*}$，就意味着使“非营利性”约束有利可图所需的转移支付量 t 增加了；相反，若有 $\Phi_{\mathrm{G1}}^{*}\geqslant\Phi_{\mathrm{G1}}^{*}|f_{\mathrm{G}}$，则会使所需的转移支付量 t 减少。这意味着，随着政府行政自由裁量权带来的期望净租金升高，“非营利性”约束的实施成本也升高。于是，我们可得到以下的命题：

命题4－3：如果政府的收益仅来源于有限的状态，即按$f_G(k)$对Φ_k^*赋予了过大或过小的权重，且由此获得的收益小于从更普遍的状态中获得的收益，即按$f(k)$对Φ_k^*赋予了真实的权重，那么，实施“非营利性”约束的收益就会增大；反之，如果政府的收益仅来源于有限的状态，但由此获得的收益大于从更普遍的状态中获得的收益，那么，实施“非营利性”约束的收益就会减少。

这一命题实际上十分直观。举例来说，如果政府的认知有限，其自由裁量权的运用并不能使其从更普遍的私人财产增长中获得收益，那么，这种政府就很可能不会维持一种保护私人财产及其增长激励的制度，从而使社会陷入普遍的贫困之中。在这种状况下，用稳定的、体现社会普遍利益的法律来约束政府，明确告知它在不同的处境下应如何“照章办事”，并对能够克己奉公的官僚提供一笔足够的补偿，那么，包括政府在内的社会上的所有人都能从中受益。相反，如果政府确实比人们更加清楚社会的利益所在，那么赋予其较大的行政自由裁量权就是经济，有效的。我们可以用更一般的理论语言来重述以上观点：如果政府并不清楚在特定权利结构下的最大受益者且缺乏能力向其获取足够的租金，收益来源有限，那么对政府实施“非营利性”约束，并向其提供足够的转移支付补偿，对社会所有人来说都是有好处的；相反，如果政府清楚在特定权利结构下的最大受益者且有能力向其获取足够的租金，这时候就应该允许政府有较大的自由裁量权，因为政府本身就知道社会的最大利益所在。

值得注意的是，由于现实中的立法存在交易费用，“非营利性”约束通常不是完全的，像上述模型那样实施完全的“非营利性”约束并不合算。因此，再严格的“非营利性”约束，也会为政府留下一定的自由裁量空间；但对于这一空间的大小，不同的社会容忍程度会有所差异。从上述分析可见，对于容忍程度较高的社会来说，人们普遍认为，即使较低等级的官僚也比他们自己更清楚社会利益所在，那么“照章办事”的官僚就只会在较低等级的官僚系统中出现；相反，对于容忍程度较低的社会来说，人们普遍认为，即便是较高等级的官僚也无法清楚地知道社

会利益所在，只有明确、稳定的法律才能提供关于社会利益的认知，那么，在这种场合下，就算是较高等级的官僚也会表现出一定的“照章办事”的特征。下一节将就此给出一个规范性的论述。

至此，关于对政府官僚体制施加“非营利性”约束的最优性问题就讨论完了，接下来要讨论的，就是这一约束对官僚体制结构的影响。

第三节　“非营利性”约束与官僚体制结构

本节研究“非营利性”约束与官僚体制结构之间的关系，探讨该约束应如何运用在不同等级的官僚身上，又是如何影响集权与分权结构之间的选择的。

（一）“非营利性”约束与不同等级的官僚行为

本节的理论建立在哈特和摩尔（Hart and Moore，2005）关于最优科层制结构的理论之上。在不影响结论的前提下，本节的模型对哈特和摩尔的模型进行了一定的简化；但为了引入关于“非营利性”约束的讨论，本节更进一步地考虑了有偏的状态分布 $F_G(k)$ 的影响，从而将已有的最优科层制结构理论与前面的分析结合。

第一，假设社会可分成两个子社会 α 和 β，两个子社会合并成一个社会来看时，联合起来的状态集也是 V，但子社会和社会总体对应的状态分布会有所不同。举个简单的例子，假设不论是子社会还是社会总体，状态集中都有“遭受枪击”和“枪击他人”两种状况，又假设子社会 α 中的人们普遍认为在这一子社会中，“遭受枪击”的可能性更大并认为不受枪击的收益十分之高，那么子社会 α 中的人们就会支持“禁止持枪”的制度；若子社会 β 恰好相反，那么在子社会 β 中，“允许持枪”的制度就会得到支持。但是，将子社会 α 和 β 合并成一个社会之后，人们会怎样评估两种状态的概率和价值，则是不确定的。

第二，假设存在两个政府 1 和 2。在分权结构下，若将政府 1 分配到子社会 α 中，有主观的状态分布 $F_{G1\alpha}$（k）和状态收益 $\Phi^*_{k1\alpha}$，若分配到子社会β中，则有 $F_{G1\beta}(k)$ 和 $\Phi^*_{k1\beta}$；同样地，若将政府2分配到子社会α中，有主观的状态分布 $F_{G2\alpha}(k)$ 和状态收益 $\Phi^*_{k2\alpha}$，若分配到子社会β中，则有 $F_{G2\beta}(k)$ 和 $\Phi^*_{k2\beta}$。在集权的结构下，两者分别有主观的状态分布 $F_{G1}(k)$ 和 $F_{G2}(k)$，以及状态收益 Φ^*_{k1} 和 Φ^*_{k2}。

第三，参考哈特和摩尔（2005）的方法，在分权结构下，若将政府1置于子社会α、政府2置于子社会β，那么政府1和政府2在任意状态 $k \in V$ 下获得非零净租金收益的概率为 $p_{\alpha 1}$ 和 $p_{\beta 2}$，对应地也有 $1-p_{\alpha 1}$ 和 $1-p_{\beta 2}$ 的概率获得零的净租金；将政府2置于子社会α、政府1置于子社会β时，则有 $p_{\alpha 2}$ 和 $p_{\beta 1}$。

类似的，在集权结构下，假定政府1和政府2在任意状态 k 下获得租金收益的概率为 p_1 和 p_2，而有 $1-p_1$ 和 $1-p_2$ 的概率获得的净租金收益为零；处于官僚体制下级的政府，只有在上级政府无法产生租金收益的场合下，才拥有产生和获取租金的权力。

可能的官僚体制结构有以下四种类型（见表4-1）：

表4-1　可能的官僚体制结构类型

分权结构 D1		分权结构 D2		集权结构 C1	集权结构 C2
子社会α	子社会β	子社会α	子社会β	全社会	全社会
1	2	2	1	1	2
—	—	—	—	2	1

首先讨论的是分权结构的选择。综合上述的假定，可以直接写出两种分权结构下，政府所获得的期望净租金：

$$\Phi^*_{D1} = p_{\alpha 1}\int_V \Phi^*_{k1\alpha} f_{G1\alpha}(k)\,dk + p_{\beta 2}\int_V \Phi^*_{k2\beta} f_{G2\beta}(k)\,dk \qquad (4-35)$$

$$\Phi^*_{D2} = p_{\alpha 2}\int_V \Phi^*_{k2\alpha} f_{G2\alpha}(k)\,dk + p_{\beta 1}\int_V \Phi^*_{k1\beta} f_{G1\beta}(k)\,dk \qquad (4-36)$$

若有 $\Phi^*_{D1} \geqslant \Phi^*_{D2}$，则应采用分权结构D1；若有 $\Phi^*_{D1} \leqslant \Phi^*_{D2}$，则应采用分权结构D2。因为没有对上式中的参数做更具体的假定，所以无法进行更具体的比较分析。但由于本节更关注集权结构以及分权结构与集权结构之间的比较分析，因此无须为此增添更多具体的假定。不妨假设 $\Phi^*_{D1} \geqslant$

Φ_{D2}^*，然后将下标简化可得：

$$\Phi_{D}^* = p_{\alpha}\int_{V}\Phi_{k\alpha}^* f_{G\alpha}(k)\mathrm{d}k + p_{\beta}\int_{V}\Phi_{k\beta}^* f_{G\beta}(k)\mathrm{d}k \tag{4-37}$$

其次讨论的是集权结构的选择。综合前述的假定，可以直接写出两种集权结构下，政府所获得的期望净租金：

$$\Phi_{C1}^* = p_1\int_{V}\Phi_{k1}^* f_{G1}(k)\mathrm{d}k + (1-p_1)p_2\int_{V}\Phi_{k2}^* f_{G2}(k)\mathrm{d}k \tag{4-38}$$

$$\Phi_{C2}^* = p_2\int_{V}\Phi_{k2}^* f_{G2}(k)dk + (1-p_2)p_1\int_{V}\Phi_{k1}^* f_{G1}(k)\mathrm{d}k \tag{4-39}$$

将以上两式相减可得：

$$\Phi_{C1}^* - \Phi_{C2}^* = p_1p_2\left\{\int_{V}\Phi_{k1}^* f_{G1}(k)\mathrm{d}k - \int_{V}\Phi_{k2}^* f_{G2}(k)\mathrm{d}k\right\} \tag{4-40}$$

这意味着：

$$\begin{cases}\int_{V}\Phi_{k1}^* f_{G1}(k)\mathrm{d}k \geqslant \int_{V}\Phi_{k2}^* f_{G2}(k)\mathrm{d}k \text{ 时，} \Phi_{C1}^* \geqslant \Phi_{C2}^* \\ \int_{V}\Phi_{k1}^* f_{G1}(k)\mathrm{d}k < \int_{V}\Phi_{k2}^* f_{G2}(k)\mathrm{d}k \text{ 时，} \Phi_{C1}^* < \Phi_{C2}^*\end{cases} \tag{4-41}$$

在 $\Phi_{C1}^* \geqslant \Phi_{C2}^*$ 时，应选择集权结构 C1；相反，在 $\Phi_{C1}^* < \Phi_{C2}^*$ 的场合，则应选择集权结构 C2。其中，较低的 $\int_{V}\Phi_{kj}^* f_{Gj}(k)\mathrm{d}k (j=1,2)$ 可能来源于下降的 Φ_{kj}^*，也可能来源于 f_{Gj}（k）的偏向。例如，若政府在状态 k 下获取净租金的能力不足，那么就会有较低的 Φ_{kj}^*；若政府对较低的 Φ_{kj}^* 赋予了过大的权重，即 f_{Gj}（k）偏向于较低的 Φ_{kj}^*，那么也会引起期望净租金的下降。

一般性地，若将上述结论推广到多级政府的情形[①]，并且和命题 4－3

① 在 Hart 和 Moore（2005）的模型中，两级官僚情形下导出的上述结论并不能直接推广到三级或更多层级的官僚结构之中，除非金字塔式的科层结构具有最优性。此处假定这一金字塔式科层结构的最优性是满足的。只要这一条件满足，任何一个下级官僚的 $\int_{V}\Phi_{k}^* f_{G}(k)\mathrm{d}k$ 都必然小于其上司，尽管全部由该上司控制的下级官僚的 $\int_{V}\Phi_{k}^* f_{G}(k)\mathrm{d}k$ 之和可能会高于该上司。特殊地，如果全部下级官僚的 $\int_{V}\Phi_{k}^* f_{G}(k)\mathrm{d}k$ 之和小于其上司，那么即满足 Hart 和 Moore（2005）模型中的“超可加性”（super additive）条件，该条件是金字塔式科层结构具有最优性的充分条件之一，此时命题 4－4 成立。

结合，那么我们可得到以下的命题：

> 命题4－4：给定一个金字塔式的科层结构，当它是最优时，行政自由裁量权带来期望租金收益较低的政府，应置于科层结构的下级；越是处于科层结构下级的政府，实施“非营利性”约束的收益越高，行政自由裁量权越应当受到明确的制度规则约束。

命题4－4表明，越是“照章办事”的官僚，就越是应该被安排在一个科层结构的下级。一个有效率的官僚体制结构，应该允许较上级的官僚进行“高瞻远瞩”的、带有“人格化”色彩的政治决策，而较下级的官僚则应当日复一日地、以“非人格化”原则去执行法律。

这意味着，当将一项任务赋予官僚体制时，如果该项任务由相对上级的官僚机构执行，那么就应该允许其拥有相对较大的自由裁量权；相反，如果该项任务由相对下级的官僚机构执行，那么就应该通过客观的、标准化的程序缩小其自由裁量权，因为相对于上级的官僚机构来说，下级官僚机构由于收益来源狭隘，服务于更广泛的“公共利益”的激励较弱，且对“公共利益”的认知也可能相对较少。此外，不同任务目标的实现过程都需要一定的程序，但这些程序可客观标准化的程度可能有所不同：那些常规性的行政管理通常可用明确的指标和客观的、标准化的程序对官僚进行考核；但对于那些非常规性的政治决策而言，根本不可能制定明确的指标和客观的、标准化的执行程序。如果考虑到任务目标实现过程的客观标准化成本，那么指派给官僚体制不同层级的任务就应该有所区别。依据上述的命题，那些常规性的行政管理任务就应该指派给相对下级的官僚机构，而那些非常规性的政治决策就应该由相对上级的官僚机构做出。其原因在于，在一个按以上理论合理安排的官僚体制中，相对上级的官僚机构通常对“公共利益”有较清楚的认知，且有着较强激励去实现“公共利益”；但相对下级的官僚恰好相反。由于非常规性的政治决策通常较大地依赖于执行人员对“公共利益”的认知，而常规性的行政管理则不是，此时，如果反过来将常规性的行政管理任务指派给相对上级的官僚机构，把非常规性的政治决策指派给相对下级的官僚机构，那么，上级官僚机构关于“公共利益”的知识就未能得到充分的运用，而下级官僚机构则可能会以偏离“公共利益”的一己私利去执行非常规的政治决策。这就导致了经济效率的缺失。如果从合同结构的角度看，本节的模型意味着，可以就各级官僚的权力运用设计一份这样的事前合同：当决策由下级官僚做出时，下级官僚就必须按照事先制定好的规章制度行事，使决策尽可能具有“非人格化”特征；相反，当同样的决策由上级官僚做出时，就可允许其拥有相对较大的自由裁量权，使之在烦琐的规章制度之上做出具有“人格化”色彩的决策。这样一份合同能使官僚机构带来的总体期望收益增加，是一个帕累托改进，因为该合同既可防止了在上级官僚不做出指示时下级官僚的“乱作为”和“不作为”问题出现，又可防止当下级官僚按明确规章制度进行决策时上级官僚的“瞎指挥”问题出现，同时也可使得下级官僚的可事后证实的决策失误不会过度追溯到上级官僚身上。因此，该合同带来的利益增进正来源于上下级官僚之间的权责得到清楚界定。①

---

① 本节理论与 Hart 和 Moore（2005）的最优官僚体制结构理论相比较，最大的不同点在于引入了对官僚行为的“非营利性”约束。“非营利性”约束意味着以明确的规章制度或指标替代自由裁量权的行使，同时也意味着用清楚的合同确定上下级官僚之间的权责边界。在本节的模型中，当上级官僚无法做出决策而下级官僚能够做出决策时，下级官僚也应当“照章办事”，除非是在下级官僚无法做出决策而须由上级官僚行使自由裁量权的场合。这也意味着，除非动用了上级官僚的自由裁量权，否则只要下级官僚“照章办事”，责任就不会被过度地追溯到上级官僚身上。在此，“明确的规章制度或指标”实质上就是一份明确的合同，一方面既可防止了上级官僚对下属“瞎指挥”，另一方面也可防止下级官僚的行为被过度追溯到上级官僚的头上，削弱自由裁量权对上级官僚的有益激励。这在 Hart 和 Moore（2005）的理论中是没有得到讨论的。

在 Hart 和 Moore（1995）的理论中，给定一个纵向的多级官僚体制结构，假设各级官僚在拥有关于资产如何运用的“观点”（ideas）的场合下都能使资产实现的价值，同时任意一级官僚有“观点”的概率 p，那么，这一官僚体制结构能够实现的资产期望价值就变成：

$$E(v) = [1-(1-p)^n]v \leq v \tag{4-42}$$

若此时使得 $n \to \infty$，就有 $E(v) \to v$。这意味着，不断地往这个纵向的多级官僚体制中填充人员，使得 $n \to \infty$，那么就能使得资产的最大价值得以实现。换言之，在 Hart 和 Moore（2005）的理论中，官僚体制层级的增加，作用似乎在于使得资产期望价值得到最大化。因此，如果引入一项随着官僚层级增加和递增变大的（转下页）

由此来看，官僚体制中备受诟病的“形式主义”行为并不一定是坏事。“形式主义”之所以会变成坏事，原因在于它被用在了错误的地方。如果法律比行政官僚具备更多关于社会利益的认知，法律所提供的解决问题的手段十分清楚有效且可用客观指标来衡量，那么“形式主义”对社会来说是有好处的。“形式主义”之所以备受诟病，纯粹是因为它被赋

---

①（接上页）“交易成本”，记为 $C(n)$，其满足 $C'(n)>0$ 以及 $C''(n)>0$，从而使得层级的增加可在某处“刹车”，那么最优的官僚体制层级数量就取决于以下的一阶条件：

$$\frac{\partial E(v)}{\partial n}=-(1-p)^n\ln(1-p)=C'(n) \qquad (4-43)$$

在该理论中，若用交换契约的视角来看待上下级官僚之间的关系，上级官僚之所以会“雇用”下级的官僚，原因在于：边际上增加的一名下级官僚能相应地带来资产期望价值的边际增益，只要这一增益不致被由此带来的雇用成本所抵消，那么这一“雇用”合同对双方来说就都是有利可图的。我们可在此基础上考察一下，在 Hart 和 Moore（1995）的理论中，权力在官僚体制中的初始分配以及官僚体制可能通过怎样的交换契约扩张其纵向结构。

第一，如果在上述的简单模型中，各级官僚都有相同的 v 和 p，那么任务一开始分配给谁就是无关紧要的了。最先分配到任务的官僚可获得期望收益 $(1-p)v$，然后这个官僚可以“雇用”下级的官僚以增加这一期望收益，并将由此获得期望收益的增量全部或部分支付给下级官僚。同样，下级官僚也可以同样的形式雇用更下一级的官僚，直到期望收益的增量不足以支付官僚层级增加带来的合约成本。

第二，更一般化地，如果允许各级官僚有不相同的 v 和 p，那么，任务的初始分配就不是无关紧要的了。在这种情况下，任务一开始应该分配给拥有最大期望收益 $(1-p)v$ 的官僚，然后再按期望收益边际增量的高低逐渐扩大官僚体制的层级，直到期望收益的增量不足以支付官僚层级增加带来的合约成本。

Hart 和 Moore（2005）的理论并没有区分可客观标准化程度不同的任务。严格来说，所有任务的责任都会被追溯到处于金字塔顶端的官僚，因为在他们的理论中，给定一个金字塔结构的官僚体制，所有资产的剩余控制权都归于顶级的官僚。而在本节的理论中，由于 v 的大小与 $f_G(k)$ 紧密相关，因此 $f_G(k)$ 在一定程度上决定了对下级官僚施加“非营利性”约束是否经济有效。因此，如果不同任务可客观标准化的程度不同，又或者一项任务可以被分解成不同客观标准化程度的子任务，那么，可客观标准化程度较高的常规的任务或子任务不妨一开始就赋予相对下级的官僚，因为如果下级官僚可以“照章办事”，他做得不会比上级官僚差，对任务实施情况的问责也因此到该下级官僚为止。相对地，可客观标准化程度较低的非常规任务或子任务，则应该一开始赋予较高级别的官僚，因为他相对下级的官僚缺乏关于真实状态分布 $f(k)$ 的信息以较好地运用自由裁量权。这体现了上下级官僚之间的契约和分工关系。

予了不恰当的任务目标。这种“不恰当”的任务目标可能有两方面的来源：第一，外部社会公众赋予了官僚体制中的成员过多目标与职能；第二，上级政府把自身职责进行分包，然后层层下压，使得原本属于上级政府的职能被不恰当地“卸责”到下级政府的头上。[①] 根据上述的理论，这就会导致“形式主义”的滥用，最终使得官僚体制的经济效率受损。

（二）分权与集权结构之间的选择

最后讨论的是分权结构与集权结构之间的选择。在进行比较分析之前，有必要引进一个新的假定：

$$0 \leqslant p_1 < p_\alpha \leqslant 1 \tag{4-44}$$

$$0 \leqslant p_2 < p_\beta \leqslant 1 \tag{4-45}$$

这一假定说明，相比置于整个社会，置于有限的子社会中，政府能够以更大的概率去获取非零的净租金。因此，$p_1 < p_\alpha$ 和 $p_2 < p_\beta$ 体现了分权带来的专业化分工收益。不失一般性地，又假定 $\boldsymbol{\Phi}_{C1}^* > \boldsymbol{\Phi}_{C2}^*$，那么接下来就只需要比较 $\boldsymbol{\Phi}_{C1}^*$ 与 $\boldsymbol{\Phi}_D^*$ 即可。将两者相减可得：

$$\boldsymbol{\Phi}_{C1}^* - \boldsymbol{\Phi}_D^* = p_1 \left\{ \int_V \boldsymbol{\Phi}_{k1}^* f_{G1}(k)\,dk - \frac{p_\alpha}{p_1} \int_V \boldsymbol{\Phi}_{k\alpha}^* f_{G\alpha}(k)\,dk \right\} +$$

$$p_2 \left\{ (1-p_1) \int_V \boldsymbol{\Phi}_{k2}^* f_{G2}(k)\,dk - \frac{p_\beta}{p_2} \int_V \boldsymbol{\Phi}_{k\beta}^* f_{G\beta}(k)\,dk \right\} \tag{4-46}$$

---

① 这实际上是一个古老的现象，在中国古代的官僚体制中早有体现。顾炎武在《日知录·卷八·吏胥》中引谢肇淛《五杂俎·卷一四·事部二》语云：“从来仕宦法罔之密，无如本朝者。上自宰辅，下至驿递仓巡，莫不以虚文相酬应。京官犹可，外吏则愈甚矣。大抵官不留意政事，一切付之胥曹，而胥曹之所奉行者，不过以往之旧牍，历年之陈规，不敢分毫逾越。而上之人既以是责下，则下之人亦不得不以故事虚文应之；一有不应，则上之胥曹又承隙而绳以法矣。故郡县之吏胥宵旦竭蹶，惟日不足，而吏治卒以不振者，职此之由也。”李志安和杜家骥在《中国古代官僚政治》（2015）一书中也论述到，由于胥吏升迁前途暗淡，其激励主要是在任期内谋求私利。从经济学的角度来说，如果合同是完备的，受到长官或正式官员的控制，那么胥吏谋求私利就不会有大问题；但问题就在于胥吏比其长官掌握更多的关于常规行政的专门知识，控制着各种档案文书等重要的非人力资产，从而侵害正式官员的权力。由此可见，胥吏的问题主要体现在两方面：一方面是形式主义；另一方面是专擅行政的非人力资产。既以虚文应付长官，又以专擅之权图谋私利。无怪在司马迁《史记·汲郑列传》中，汲黯骂张汤说“刀笔吏不可以为公卿”，就是这个意思。

如果允许子社会α和β之间的再谈判和转移支付，那么只要有$\Phi_{C1}^{*} \leqslant \Phi_{D}^{*}$，就有分权结构优于集权结构。但如果不允许子社会α和β之间的再谈判和转移支付，分权结构要优于集权结构，就需要同时满足以下两个条件：

$$\int_{V} \Phi_{k1}^{*} f_{G1}(k)\mathrm{d}k \leqslant \frac{p_{\alpha}}{p_{1}} \int_{V} \Phi_{k\alpha}^{*} f_{G\alpha}(k)\mathrm{d}k \tag{4-47}$$

$$(1-P_{1})\int_{V} \Phi_{k2}^{*} f_{G2}(k)\mathrm{d}k \leqslant \frac{p_{\beta}}{p_{2}} \int_{V} \Phi_{k\beta}^{*} f_{G\beta}(k)\mathrm{d}k \tag{4-48}$$

从上式可见，随着分权结构带来的专业化收益p_{α}和p_{β}的增加，当其使得不等式（4－47）和不等式（4－48）所表示的关系成立时，分权结构就要优于集权的结构。此外，若子社会α和β各自实施“非营利性”约束不合算，但在集权结构下实施“非营利性”约束有利可图，且使得不等式（4－47）和不等式（4－48）中的不等号逆转过来，那么，在“非营利性”约束实施的同时，就会促使社会由分权向集权变迁。如果再进一步考虑到“分科”和“分层”的成本时，就可以在整个社会中决定出最优的官僚体制结构形式。

第四节　制度与“理性的经济计算”

（一）“理性设计”的制度与“自发生成”的制度

美国作家斯坦贝克（Steinbeck）在小说《愤怒的葡萄》中曾写过这样一段话：“所有人都被一种更庞大、超越一切的力量所主宰。那就是数字。有人痛恨驱使他们的那些数字，有人感到害怕，也有人崇拜它，因为它能让人逃避思想和感受。”[①] 用“逃避思想和感受”来指斥官僚体制中那些“因循守旧”“照章办事”的形式主义作风，似乎很符合人们对官

① ［美］斯坦贝克：《愤怒的葡萄》，王一凡译，湖南文艺出版社2019年版，第41－42页。

僚体制的直观印象。不过，正如我们在前面探讨过的那样，用固定的规章制度“逃避思想和感受”，对于官僚体制——尤其是对处于相对下级的官僚机构——来说，并不一定是愚昧无知的表现；相反，这完全可能是充分利用保存在制度中的智慧的结果。个人有限的思想和感受并不总是那么可靠，因此，遵循制度行事在某种程度上可视为一种“理性”的经济行为，既有利于迅速处理常规问题并将更多资源投入于面对非常规问题，又有利于防止权力的滥用。韦伯对官僚体制的这种专业化的、精确的、非人格化和事务性的特征——韦伯将其概括为“理性”——赞誉有加，并认为这种被广泛用于企业和政府的现代官僚体制是资本主义发展的重要动力。① 但在现实中要恰到好处地利用这种“理性”特征，并恰如其分地保持“形式主义”刻板作风的有效性边界，绝非一件容易的事情。这需要我们从经济学的角度为之寻找一种解释。

其实我们应该用更宽阔的视野来看待和研究官僚体制中的形式主义问题，因为说到底，并不只是处于官僚体制中的个人，现实生活中我们每个人也会时常自觉或不自觉地依赖于制度来思考，利用既定的制度规避并不总是可靠的个人“思想和感受”，表现得就像一个“照章办事”的官僚那样。各种社会传统和习俗之所以能得到长久维持，各种法律规章之所以能被持续地遵守，实际上都离不开人们的这种利用制度“逃避思想和感受”的行为，乃至于给人一种这样的错觉：人仿佛只是制度的产物，制度替代了人进行思考。这也导致了制度分析史上长期存在着两种对立的观念：功能学说和理性选择学说。前者认为制度决定着人的行为，后者则认为制度是人的理性选择行为的结果。但很快我们就能发现，这两种观念并没有表面上看起来的那么势不两立。

制度固然不会拥有自己的心智，就像市场中各种形式的价格不会有自己独立的心智一样，因为离开人的行动和选择，制度根本无从谈起。即使人类像蜜蜂和蚂蚁那样秩序井然地活着，也不能认为这种人出于本能去遵守的制度有自己的“独立心智”。因为只要我们把制度的产生归因于一个凌驾于行动者之上的神秘实体，所有的制度现象就都无从研究了，

---

① 参阅［美］韦伯《经济与社会》，林荣远译，商务印书馆2006年版。

所有关于制度的讨论也都变成了为制度的存在合理性提供独断的、不可讨论的论据，把科学的研究变成无休止的形而上学的争论。我不敢贸然认为这种形而上学的研究方法是错误的，但在此我不打算这样做，因为我希望自己的见解能够在与他人的对话中被讨论甚至被辩驳，而形而上学的方法是无法提供这种可能的。

如果制度不拥有自己的“心智”，我们怎样才能够调和上述两种观念？一方面，制度作为人的“理性”选择之结果而存在；另一方面，人却又“理性”地依赖制度来“逃避思想和感受”？当然，需要首先说明的是，这里的“理性”一词，是在其最宽泛的意义上来使用的。或许有人会反驳：如果将人的所有行为都视为“理性”选择的结果，那么该词就是一个空洞的概念了。这样来使用“理性”一词并没有什么意义。但这对本节的讨论来说并没有什么妨碍，我也无意于卷入这种无休止的方法论争辩之中——本节的目的是要区分挂在“理性”名义下的两种行为选择：一种是试图通过“理性的经济计算”权衡不同制度的收益和成本，然后以某种形式的决策机制积极地进行制度的选择；另一种则是相对消极地认为制度（包括各种社会传统和习俗）比任何单独的个人心智都包含了更多应对环境变化的智慧，因此，人们遵守那些乍看起来并不经济，甚至看上去有些盲目和愚昧的制度，恰恰可能是“理性”地放弃自身思考的结果，是放弃那些基于自身有限认知的“经济计算”的结果。在此，我将这两种行为都认为是经济学意义上的“理性”行为，但真正重要的问题是：如何确定这两种“理性”行为的效率边界？在什么条件下一种“理性”行为是经济的，而又在什么条件下另一种“理性”行为是经济的？

这些问题实际上是非常古老的问题。2000 多年前，商鞅和甘龙在秦孝公跟前就为此进行过激烈的辩论。甘龙认为：“圣人不易民而教，知者不变法而治。因民而教，不劳而成功；缘法而治者，吏习而民安之。”但商鞅则认为：“论至德者不和于俗，成大功者不谋于众。是以圣人苟可以强国，不法其故；苟可以利民，不循其礼。……常人安于故俗，学者溺

于所闻。以此两者居官守法可也，非所与论于法之外也。”① 用现代的经济学语言来说，甘龙代表的实际上是一种“自发生成”的制度观，认为从民众中自发生成的古老制度和传统，本身就反映了社会利益的所在，只要“缘法而治”，官僚和民众都可安乐无事；而商鞅代表的则是“理性设计”的制度观，认为存在这样一个“立法者”，他比普通人更加清楚“公共利益”之所在，也清楚该如何实现这一利益——用商鞅本人的话来说，这些就是“法之外”的东西——那么，由这个“立法者”为社会“设计”制度、评估不同制度的收益和成本，就能增进社会的整体利益。这两种制度观到底哪个是正确的呢？两种观念的正确性是否依赖于特定的场合？构成这些场合的要素是什么？

一种制度——不论它是被刻意设计出来的还是自发生成的，不论它的目的和后果是否被人们充分认知，也不论它是抽象的或是具体的——总是规定了在可预期的特定情景下，人应当如何决策和行为。在交易费用不为零、广泛存在着不完全契约的现实社会中，制度必然是“抽象”的，尽管在不同的领域中，抽象的程度会有所不同。这是因为交易费用阻碍了人们将所有可预期的情景以及其中所有的细节放入制度的要件中，从而为行政自由裁量权和司法权力留下了空间。这一在某种程度上的抽象性，是所有制度的共同性质。但即使是具有同等“抽象”程度的制度，在其他方面也可能存在巨大的差异：它既可能是可以设计并实施的结果，也可能是在有限范围内得到遵守并逐渐自发扩展的产物。② 这两种制度在现实中通常是并存的，因为如果我们在每件事上都必须基于个人有限知识进行计算后才做出决策，那么我们将寸步难行；在某些场合下相信既定规则，规避不可靠的个人理性计算，可能是一种更为经济有效的选择。

政府制定的规章、规范性文件以及立法机构制定的正式法律，通常会被视为是理性设计的结果，因为经由此种方式确立起来的制度，其收益与成本总会得到某种程度的计算和评估，它的功能和目的也是十分明

---

① 参阅司马迁《史记·商君列传》。

② 参阅门格尔和哈耶克关于“自生自发秩序”（spontaneous orders）的相关论述。

确的。相反，一种古老的传统和习惯则通常被视为自发生成的，因为正如哈耶克教授所强调的那样，人们往往很难指出有某种清晰可见的机制保证了这种制度的收益与成本已得到有效的计算和评估，也不具备足够的知识来指出这种制度的功能与目的。这是一种关于制度的古老的二分法，我们在此不妨将第一种制度称为“理性设计的制度”，将后一种制度称为“自发生成的制度”。但要在这两种制度之间划出明晰的界限似乎是不可能的事情。理性设计的制度可能只是单纯地将自发生成的制度确立为明文的、正式的规则，但这一“确立”并非纯粹只是形式上的，因为这总归意味着以往制度的功能和目的、收益和成本得到了某种程度上的再评估。相对地，自发生成的制度也并不意味着绝无理性的经济计算在其中，因为这种制度完全有可能最初在局部的范围内是理性选择的结果，是基于理性的经济计算确立的契约关系。但随着制度的扩展，新加入的后来者却可能只是“相信”这种制度能够有效地替代个人基于有限知识的决策，“相信”最初的“立法者”们的智慧。随着“立法者”的逝去以及参与人群的扩大，这种制度就变成了一种古老的传统，最初的经济考量可能早已被后来者遗忘，只能在不断的反思和再评估中延续和改变自身。道格拉斯（Douglas）在《制度如何思考》（2018）一书中曾对“制度的记忆与遗忘”的功能有所论述：“制度创造了一些阴暗地带，其中的事物我们看不见，其中的问题也无人再问。同时，制度使得另外一些地方被暴露无遗，其中的事物被详细探查，排列有序。”[①] 稳定的、明确的制度规制的一个重要功能，即在于让人们能够经济地“遗忘”掉制度订立之初进行的复杂计算，把前人的智慧保存下来以资利用，使人们能够把更多精力放在其他事务上的决策。从这个角度来说，制度的功能与目的、非正式或正式制度的变迁、非正式制度向正式制度的转变等，很多时候都是反思的结果，是在遗忘了原初经济考量的状况下对制度的“收益－成本”进行理性再评估的产物。但要说相比原初的“立法”考量，后人的再评估是否更加富有智慧，就很难下定论了。

① ［美］道格拉斯：《制度如何思考》，张晨曲译，经济管理出版社2018年版，第87页。

（二）依赖于制度的“理性计算”

关于怎样通过理性计算选择制度，本书第三章已有详细的分析，在此不再赘述。在此主要关注的是：人为什么选择依赖制度来进行理性计算而不是相反？这一计算又是如何实现的？

人选择遵从一种制度，并愿意在特定处境下按照其提出的要求行事，其动机可能是很复杂的。第一，他可能只是受到其他人或专门的执法机构所施加的成本的影响而选择服从。也就是说，他选择遵从某个制度，只是因为他预期到不遵从可能给他带来的损害。在这种情况下，并不能说个人依赖于制度进行理性的经济计算；恰恰相反，他在通过理性的经济计算选择自己偏好的制度。这在前面已有详细的论述。第二，他可能“相信”自己面临的制度要比他更有“智慧”，能更好地指引自己在特定处境下的选择行为。这与前一种状况是截然不同的，因为在前一种状况，个人通过运用自己的有限知识进行理性的经济计算，评估制度给他带来的收益和成本。但在后一种状况中，他选择相信制度早已为他计算好的“答案”，制度的功能和目的只是事后反思的产物，而不是他事前对制度的认知。这种对制度的“信仰”或“崇拜”与对制度进行的理性经济计算一样，都赋予了制度在某种程度上对个人而言的合理性与合法性。正如韦伯（2006）所言，制度的“合法性”来源于两个方面：首先，外在的、符合目的理性，这是对行为“收益－成本”的理性计算结果；其次，纯粹内在的价值理性，以及情绪的和宗教的理性。两种状况下的个人都是理性的行动者。这种被人“相信”的制度，其信任可能来源于人们对立法者（不论是神或是人）的崇拜，也可能来源于对古老传统的信仰。但不论是哪一种情形，也不论人们是否能明确说出制度的功能、目的及其为社会带来的收益和成本，至少人们都相信，这些制度的收益和成本在过去某个时间都得到过某种方式的计算和评估，要比当下任意个人或团体根据有限知识进行的理性经济计算更能增进社会的利益。

肖特（Schotter）在《社会制度的经济理论》一书中运用博弈论的方法探讨了制度的这种“节约信息成本”的功能。关于制度的定义，肖特认为：“一种社会制度是一种社会行为的规则，它被所有社会成员所赞同，它规定了在特定的反复出现的情况下的行为，它是自我维持的，或者是被某个外在的权威所维持的。”① 在肖特的理论中，制度是无数互动的理性经济人“非意图地”自发形成的，不是理性设计的结果；它的作用在于通过形成稳定的规则以解决社会中一再重复出现的问题，并一代接一代地传递下去，以避免问题重复出现时的谈判和决策成本。因此，制度是一种“被创生的信息装置，当竞争价格在协调经济活动中不再有效的时候，它对竞争价格的信息内容进行补充”②。肖特用动态博弈的方法显示了稳定的行为规则是怎样在人们的社会互动和预期调整过程中逐渐生成的。

该理论对“门格尔－哈耶克”（Menger-Hayek）的理论传统进行了规范的表述。这种由理性经济人分散化协调而产生的制度，在多大程度上刻画了现实中制度产生和变迁的普遍现象，是值得质疑的。在现实中，我们确实会观察到大量制度是由于明确的公共目标和功能需求而被设计出来的，它把达到目标所需的“强制性牺牲”分摊到社会成员的头上。如果“牺牲”（宗教的献祭或现代税收，都可视为“牺牲”的特定类型）的形式、分配格局与目标之间确实有稳固的因果关系，即意味着制度的收益和成本以某种方式得到了准确的评估，那么没有什么理由认为凭借理性设计出来的制度，必然有较低的经济效率。各种形式的公共选择机制——不论是现代的代议机构还是各种专制君主、领袖、先知和立法者们——之所以存在，原因就在于制度的“收益－成本”总需要以某种方式得到计算，不管这种计算准确与否。如果制度都是“自发生成”的，国家机构和现实存在的各种形式的公共选择机制反倒成了无法解释的事物。在肖特的理论中，制度生成的“试错”过程所保存下来的信息，是像接力棒一样持续、稳定且准确地在代际传递的。但事实上，没有什么理由认为现实中存在如此稳定的传递机制。后代接获前代的试错信息，意味着前代人关于制度的“收益－成本”计算的所有细节都被完整地保

① ［美］肖特：《社会制度的经济理论》，陆铭、陈钊译，上海财经大学出版社2003年版，第17页。

② 同①，第27页。

存了下来，并为后代所理解和相信。但正如道格拉斯（2018）所说，制度的一个重要的功能就是引导人们的记忆，告诉人们什么应当被记住，什么应当被遗忘——而制度“收益－成本”计算的过程，恰恰是制度会遗忘的东西。制度往往只是作为一个可资利用的计算结果被保留下来，从而使得后代能将更多的资源用于其他更有价值的地方[①]。然而，一旦后代开始质疑前代立法者们的计算结果，那些早已被人遗忘了目标和功能的制度就需要被迫在新的环境下接受反思和再评估，其“收益－成本”计算也需要以新的方式进行——当然，后代的计算不一定做得比前代更好——这样一来，原先“自发生成”的制度就可能会重新接受某种公共选择机制的再评估，从而转变成在一定程度上是“理性设计的”制度。[②]总而言之，“自发生成”的制度与“理性设计”的制度之间的界限，并没有乍一看上去那么泾渭分明。只要人们会对制度的目标、功能以及“收益－成本”进行计算和评估，不管这种计算是由分散的个人进行还是依赖公共选择机制的权威来进行，制度在某种程度上总是“理性设计”的结果。

那么，接下来的问题是：制度又是怎样协助人们进行思考和选择的呢？

第一，从制度的“思考”层次来看，有观点认为，制度的作用在于储存信息，将人们从“惯常的、低层次的、日复一日的决策”中解放出来；但也有相反的观点认为，人们“倾向于将重要决定交给制度，而自

---

① 福山（Fukuyama）在《历史的终结》一书中提出：“为了民主活动，民主国家的市民必须忘记这些价值的工具性本质，而在自己的政治体系和生命方式中发展出一种非理性的有‘气魄’的骄傲。”按本章的观点，实际上不单是民主国家，任何制度要得到有效的运用，都需要在一定程度上遗忘关于制度“收益－成本”的计算细节，并形成福山所说的那种“非理性骄傲”作为替代。（参阅［日］福山《历史的终结》，本书翻译组译，远方出版社1998年版，第247页）

② 诸如《联邦党人文集》《盐铁论》之类的文献，都记载了“立法者们”关于制度的“收益－成本”的理性计算过程。从更一般的角度来说，历史记录——尤其是有关制度的历史记录——之所以重要，原因正在于它能够把人们关于制度“收益－成本”计算的思考和实践过程记录下来，“遗传”给后代。

已忙碌着解决具体的战术和细节方面的问题"[1]。这两种对立的观点到底何者是正确的呢？事实上，笔者认为这两种观点并不冲突。如果我们把决策的"常规性"和"非常规性"作为两个极端，在其间划分出不同的层次，那么在每个层次上，人们还是会选择究竟是相信制度的"智慧"，还是更信任自己或其他主体（如某个领袖、先知之类的角色）随机应变的决策能力，尽管这种选择当事人可能并不自觉。由于制度必然在某种程度上是抽象的，因此就意味着能经由制度来决策的事务，也必然在某种程度上是常规化的，必然是在人们预期中可能重复出现的情况。随着可常规化的事务不断增加，人们自然就更能将资源集中于非常规化的、无可预计的决策上来。但要先验地判断这些非常规化的决策到底涉及的是低层次的日常事务还是高层次的"生死大事"，却是不可能的。当然，一般来说，那些处理高层次事务的制度，由于相关的信息难以获取，人们通常难以对它的收益和成本进行精确权衡，甚至也没有清晰的语言对其进行表述，因此违背制度带来的代价难以估计，这就使得这类制度往往表现出比宪法还难以撼动的稳定性；相对地，那些处理较低层次事务的制度，它们的功能、目的及其产生的收益和成本，往往是明确且容易衡量的，也很容易运用语言将其表述成规范的公文，那么这种制度的稳定性就相对较弱了，甚至可能会根据情况朝令夕改。但要就此判断出到底人们在哪个层次上更依赖于制度，是不可能的，因为不管在哪个层次上，人们都会依赖于制度；对于要处理的事务而言，不论事务的大小，它们都是同样重要的。因此，上述两种看似对立的观点，实质上并没有看上去的那么势同水火；两者从不同的视角来看，都可能是正确的。

第二，从制度的"思考"方式来看，制度似乎主要是通过"社会分类"的办法来协助人们思考的。道格拉斯将此概括为"社会分类的自然化过程"，并认为这是制度之所以能为人们提供持续稳定的思考能力的根本原因：

---

① 参阅［美］道格拉斯《制度如何思考》，张晨曲译，经济管理出版社2018年版，第142页。

> 为了使话语成为可能，基本的范畴必须得到群体认可。而除了制度，没有任何事物能确定同一性。相似性是一种制度。①
>
> 我们的社会互动很大程度上是相互告知什么是正确的思考并责备错误的思考。也即我们的制度是如何构建的，相互把对方的观念挤进一个共同的形状里边，以便我们通过纯粹独立同意的数目来证明正确与否。②
>
> 要知道如何抵制我们的制度施加给我们的分类压力，我们可能想开始独立的分类练习。不幸的是，我们思考需要的所有分类都已经与我们的社会生活一道准备妥当。要对社会做思考，我们手边就是我们作为社会成员相互谈论自己时使用的范畴。这些行动者的范畴在所有可能的层次上起作用。最顶层是一般性的，最底层是最具体的社会规则。③

除了“社会分类”之外，根据道格拉斯的观点，人们还会通过“自然类比”的方式赋予制度以合理性，这使得制度具备足够的稳定性以持续下去：

> 那种促使稳定的原则就是社会分类的自然化过程。有必要找一种类比，通过这种类比，一系列关键社会关系的形式结构就可以在物理世界中，或在超自然世界中，或在永恒里，或在无论何处，都能找到，只要它不被视为一种社会性谋划和安排就行。当这种类比在一组社会关系与另外一组社会关系在与大自然之间反复应用的时候，一再重复出现的形式结构就变得容易认出，并被赋予不证自明的真理性。……劳动分工越原始，同样的类比越能从一个社会领域调用到另一个社会领域。④

---

① ［美］道格拉斯：《制度如何思考》，张晨曲译，经济管理出版社 2018 年版，第 69 页。

② 同①，第 117 页。

③ 同①，第 127－128 页。

④ 同①，第 61－63 页。

> 任何制度，要想保持自己的形状，就需要获得合法性，这需要通过在自然和理性中找到特别的依据：这样它就能给它的成员一系列类比，用这些类比去勘探这个世界，也用这些类比去为制度化规则的自然性与合理性辩护，而它也能保持自己可辨认、可持续的形式。①

根据这种观点，通过“社会分类的自然化过程”，人们既构建起了制度，也建构了一架协助自身思考的机器。制度一旦开始运作并被人们用作思考的工具，其首要的功能就是“社会分类”，即按某些个人或人群特征或特定处境将人们挤进一个或多个不同的类型中去，然后将与之对应的“应有的行动”像标签一样贴到这些类型上，使人们得以判断他人是否自己的“同类”、他人采取的行动是否“离经叛道”；其后随之而来的“自然类比”则使这种分类在缺乏有效“收益－成本”计算时获得“合乎自然”的性质，也即获得合法性和合理性的论证。因此，制度——不论其抽象程度之高低——总意味着将行为的要求或限制施加到自己和他人头上，左右着资源的使用方式。但制度所要求的行为与其希望的产出之间的因果关系往往不甚明确，且会随着知识和技术的演变而不断变化：有些制度要求的行为用当前的观念来看可能与其产出之间的因果联系是虚假的，如为消灾和祈雨等而举行的祭祀和牺牲仪式；但有些制度所要求的行为——当然也仅限于用当前的观念来看——与其产出之间有着稳定的因果关系，因此这些制度的收益和成本会更加明晰。用韦伯的术语来说，前一种制度或许可称之为非理性的、含有魔法性质的制度，而后一种制度则是理性的制度。不幸的是，无论我们的社会如何发展，那些非理性的、含有魔法性质的制度似乎永远不可能被消除，也没有什么理论能使我们相信“理性”的制度必然会取代所有非理性的、含有魔法性质的制度，除非我们有信心认为整个宇宙中的所有因果关系都能被我们穷尽。卡西尔教授在《国家的神话》一书中曾提出，在我们的社会中，

① ［美］道格拉斯：《制度如何思考》，张晨曲译，经济管理出版社2018年版，第143－144页。

“某一不受巫术和神话所左右的确定领域总是存在的，这便是所谓的世俗领域。这里，人依赖于他自己的技巧，而不是诉诸巫术仪式和宗教誓言的力量。……但如果某件事情很危险并且结果不确定时，一种高度发展的巫术和与之相连的神话总是要出现的”①。因此，相对应地，只要人类的认知是有限的，受巫术和神话所左右的“魔法领域”也会始终存在，即使在科学技术高度发达的现代社会也概莫能外。卡西尔教授警告我们，如果一种特定处境和由此引致的公共需求在一代人甚至在数代人中都是稀见的，且没有过往的智慧保证满足这种需求的技术手段存在，那么，国家“神话”就会大有市场，人们就会牺牲法治，用神话力量的“人格化”代表取代“非人格化”的法律和官僚机构，非理性的、含有魔法性质的制度也会取代理性的世俗制度。虽然无法事前判断这两种不同类型的制度在现实中的优劣，但有一点是无疑的：当我们察觉到自己的思考正试图借助于某种制度之时，我们就必须时刻保持警惕和持续的反思，避免那些难以估计收益-成本的非理性制度取代我们通过无数代人的努力才好不容易建立起来的理性的、世俗的制度。因为比起前者，理性的、世俗的制度更依赖于经过积累和检验的因果关系知识，因此其收益-成本也更加确定；而前者则可能产生于一时的狂热和妄想，尽管不能否认它可能带来收益，但其代价往往远超出人们的认知范围，造成难以承受的负担。

最后再回到官僚体制的讨论上来。根据前面关于寻租理论的分析可知，行政权力作为一种对资源配置有着重要影响的实质性权力，是对高代价的市场竞争机制和价格机制的替代；行政自由裁量权的存在，意味着政府并不仅是被动的、执行制度的主体，还是一个积极参与资源配置的能动主体，是“理性的经济人”。同时，行政权力从广义上看，也可视为对“立法权力”的分享，因为作为“不完全契约”的明文法律所留下的空间，在一定程度上会被行政执法权力填补，行政权力也因此决定了明文法律以怎样的实际方式在人们当中被执行，而这些方式往往是无法

① ［美］卡西尔：《国家的神话》，范进等译，华夏出版社2020年版，第335-338页。

完备地写进法律条款之中的。因此，政府行政权力的运用也可看作政府局部地替代了人们进行制度的“收益－成本”计算，并最终替人们做出了选择。在存在交易费用的现实世界中，如果人们认为由政府来进行制度的“收益－成本”计算更为经济有效，就会允许政府拥有较大的自由裁量权；反之，制度的“收益－成本”计算就有可能交由外部的立法机构或其他形式的公共选择机制进行，从而将政府变为单纯的制度执行人，规定政府官僚必须依赖于制度而非自身有限的认知进行思考和行动。不论所处的制度是理性的还是非理性的，人们都会始终不断地进行这样的抉择。

第五节　官僚体制中的事前与事后信息控制

本节进一步从事前与事后信息控制权分配的角度出发，探究事前与事后信息如何通过与之相关的合约成本影响官僚体制结构的效率。本节理论可视为是本章第一节至第四节理论的一般形式。

哈特和摩尔（Hart and Moore，2005）关于“最优科层制结构理论”（简称“Hart-Moore 理论”）的论文，最先从权力的角度探讨了科层制结构的决定因素。在他们的理论中，科层制被设计用于解决命令冲突问题，以实现资产期望价值的最大化；上级“雇用”下级，其目的也在于分享由此带来的期望租金增益。但该理论也存在一定的局限性，其中之一就是前面提及的，它并未说明政府的官僚制与企业的官僚制之间的区别。这在前文已有详细论述。本节主要关注和试图克服的，是 Hart-Moore 理论以下两方面的局限性：

第一，Hart-Moore 理论假定各级官僚都存在对一定概率资产的运用做出效率的决策，甚至无法做出任何决策，因此，多部门、多等级官僚体制结构的作用，一方面在于减少整个官僚机构都无法做出高效决策的可能性，另一方面在于确定当多个官僚都能做出决策时，谁应听命于谁。然而，从现实来看，按职能分科和分层的官僚并不是被安排在相应位置上、按一定概率“产出”决策的机器，而是在自身职责范围内必须依托其所掌握资产进行决策的理性个人。在自身职能范围内，“生成低效率决策”或“无法生成决策”以至于必须由下级官僚做出决定的情形，是极其特殊的，往往说明官僚体制的运作出现了问题。实际上，有效率的官僚体制决策的一个重要特征，就在于官僚机构能够将问题或任务按一定程序或功能进行分解，将巨大的问题分解成可分别处理的问题的集合。在现实中，那些上级官僚向下“卸责”、对事务迟疑不决的场合，我们往往看到的并不是下级官僚的决策弥补了上级官僚的职能缺失，而是“形式主义”祸害到处泛滥，甚至官僚体制的分崩离析。因此，尽管说处理这些特殊事务同样是政府官僚机构极为重要的职能，但常规化的、日复一日持续运作的官僚体制，更大程度上是为了处理那些反复出现的事务而设计的。也就是说，官僚通常是按职能分工、持续且稳定地生成决策的，不同等级的官僚通常也按职能分工拥有大小不同的自由裁量空间，但这不一定意味着上下级官僚的决策会产生冲突。

第二，假若遵循上述的观点，各级官僚时刻都在既定的职能范围内进行决策，按“Hart-Moore 理论”，下级官僚的行为都是无关紧要的。因为在“Hart-Moore 理论”模型中，只要上级官僚产生有效决策的概率为 1，那么任何下级官僚的决策都不起作用，此时官僚机构的行为就缩减成做出决策的这名官僚的行为，“官僚体制的结构”也就成了多余之物。因此，在“Hart-Moore 理论”中，上下级官僚的契约关系是不明确的，无法解释为什么当上级官僚能够持续做出决策的情况下，他还需要“雇用”下级官僚；无法解释为什么当官僚机构中每个人每时每刻都在进行决策时，“结构”是重要的。

在哈特和摩尔（Hart and Moore，2005）的理论之后，大量研究从不同角度切入对最优官僚体制结构理论进行了扩展。例如，Bao 和 Wang（2012）进一步考虑了不完全合同中信息搜寻的交易费用，但他们提出的模型与 Hart 和 Moore（2005）的理论模型在本质上是一致的，因此对后者的批判也基本适用于前者。Puschke（2009）考察了任务中的职能分工对科层结构的影响，研究发现，若一项任务的不同职能之间的互补性和替代性均较弱，那么 M 型的组织结构就优于 U 型的组织结构；反之，则 U 型组织结构相对更优。此外，在特定职能上的专业化收益增加，能使

U 型组织结构变得更有效率。实际上，该观点在 Hart 和 Moore（2005）的理论中也有所体现：不同资产间的合作（cooperation）收益若大于专业化（specialization）所得收益，集权机构就要优于分权结构。Friebel 和 Raith（2010）考虑了决策相关的关键信息在科层制中间的传递成本，及其对组织结构的影响。综合来看，现有研究似乎未能解决“Hart-Moore 理论”中遗留的两方面问题。

本节试图弥补 Hart-Moore 理论的局限性。根据不完全契约理论（Hart，1995），在存在交易费用的现实社会中，资产的部分用途是事前无法缔约的；当一项资产被官僚体制结构控制时，资产的剩余控制权就归最顶层的官僚所有，任意下属有关这项资产的决策都不能违背他的意志。政府的最优边界理论（Hart，1997）则在不完全合同的假定下，解释了政府在什么时候应“雇用”一名官僚，什么时候应通过一份外部合同购买他人的服务。而官僚体制结构理论则试图解释：当政府“雇用”了多名官僚的时候，应怎样安排他们的科层结构？是所有人平等地听命于同一上级，还是部分人听命于一名首脑，而剩下的人则听命于这部分直接听命于首脑的人？Hart 和 Moore（2005）无疑在这个领域进行了开创性的工作。但由于上述两方面的局限性，“Hart-Moore”理论仍有着较大的改善空间。

与 Hart-Moore 理论以及其他理论不同，本节提出的理论模型的主要特点在于：①官僚的决策是按职能分工的，所有官僚都按自身职能范围、依托包括信息在内的各种非人力资产进行持续的、稳定的决策；②官僚体制的结构取决于上下级官僚之间的“合约成本”，即一方面取决于上级官僚准确指示下级官僚，使之按照自己的判断行事的收益，另一方面则取决于上级官僚向下级官僚“准确描述”其指示的成本。这样一来，谁该控制谁，谁又该向谁发出指示，公民户籍财产、犯罪记录、工商税务登记档案等事前信息资产的所有权该归谁所有，而有关任务具体执行的事后信息又该归谁所有，这些都会对官僚体制结构的经济效率产生实质性影响。

本节研究的核心发现主要有：①公民的身份信息、户籍关系、财产和收入状况、违法犯罪记录等事前信息，是官僚机构对下属实施管理的核心非人力资产，它决定了任务目标的价值，其剩余控制权的配置决定了上司角色的任命；而有关具体执行过程的事后信息和“合约成本”，则决定了“上司”对下属的命令管理结构，即决定了“上司”对下属究竟应直接领导还是间接领导。②在最优的官僚体制结构中，事前信息水平随官僚等级的下降而递减，事后信息水平随着官僚等级的下降而递增。这意味着，若一个官僚体制结构是最优的，对于事前信息水平较高、事后信息水平较低的官僚，就应该安排在官僚体制的上层，否则应安排在下层。这意味着，在给定收益不变的条件下，对于一位上司来说，如果他的一名下属甲能比他更“完备”地向其另一名下属乙发出指示、制定具体的考核指标，那么该上司就应该把乙安排为甲的下属，把精力尽可能多地放在对甲进行直接领导上。

1. 理论模型

本小节将构建一个理论模型，从职能分工和合约成本的角度分析官僚体制结构的决定。

假设有一个由 n 人构成的官僚机构$\mathcal{B}$，其内部的科层结构待定。这个官僚机构须完成一项任务 Q，该任务的目标是向社会提供公共产品或服务，因此该任务的价值实现有赖于官僚机构在多大程度上了解人们对公共产品或服务的评价。更进一步地，有以下的假定：

假设1：将任务 Q 分解成不同项子任务 $Q=\{Q_1, \cdots, Q_m\}$ 向官僚机构$\mathcal{B}$中的人员指派。若 $m>n$，则有官僚被指派了两个或以上的任务；相反，若 $m<n$，则至少有一名官僚未被指派任何任务。由于在此主要关注的是官僚体制结构问题，因此假定任务分配是给定的。若 $m>n$，就把指派给相同官僚的两个或以上的任务合并成一个任务；若 $m<n$，则把未被指派任务的官僚排除在考虑范围以外，只在 m 名官僚中考虑科层结构的问题，因为他的行为并不会对科层结构的选择有任何影响。因此，不妨假定 $m=n$，即任务 $Q=\{Q_1, \cdots, Q_n\}$ 恰好分成 n 项子任务，并且对应地指派给官僚机构$\mathcal{B}$中的 n 名官僚。

假设2：假定不同子任务之间是相互联系的，一项子任务只有同其他子任务相结合才能形成更大的价值，这说明在被指派了不同任务的官僚之间，契约关系是有经济价值的。

假设3：把所有子任务指派给官僚机构$\mathcal{B}$中任何一名单独的官僚，都是不经济的。也就是说，如果一开始把所有子任务指派给一名官僚，那么总能够在官僚机构$\mathcal{B}$中找到另一名官僚，把至少一项子任务指派给他，可使得任务 Q 的期望价值增加。①

假设4：社会中每个人对于任务 Q 都有一个期望收益，反映着个人对官僚机构提供的公共产品或服务的支付意愿。记这一期望收益②为 $r=r(Q)$，其中 $Q=\{Q_1, \cdots, Q_n\}$。每个官僚都是有限理性的个人，他关于个人支付意愿的判断可能是有偏的，他可能将某些人的支付意愿视为社会普遍的支付意愿，对公共产品或服务带来的利益做出过高或过低的估计，从而采取错误的执行措施。假定每个官僚对 $r(Q)$ 的社会分布有一个主观的概率判断，记这一主观密度函数为 $f_i=f_i[r(Q)]$，即该官僚主观上估计的、支付意愿为 $r(Q)$ 的人口比例。记 $f=f[r(Q)]$ 为真实的密度函数。

假设5：官僚 $i\in\mathcal{B}$根据对支付意愿 $r(Q)$ 的社会分布的主观估计 f_j 行事，使指派给自身的子任务 Q_i 产生价值 $v(Q_i, f_j)$。若 $i=j$，官僚 i 按自己的判断行事；若 $i\neq j$，官僚 i 则按官僚 j 的判断行事，此时官僚 j 是官僚 i 的直接上司。

假设6：在官僚 i 按官僚 j 的判断行事的场合［$v(Q_i, f_j)$ 且 $i\neq j$］，官僚 j 需要向官僚 i "准确描述"自己的判断，使之按自己的要求行事。但在不完全契约条件下，上级对下级"准确描述"自己的要求是有合约成本的。记这一成本为 $c(Q_i, f_j)$。若 $i=j$，则 $c(Q_i, f_j)=c(Q_i, f_i)=0$，即官僚向自己描述任务的要求不存在合约成本；若 $i\neq j$，则 $c(Q_i, f_j)>0$。

有了上述的假设，接下来就可以讨论最优官僚体制结构的决定。假定官僚体制的目标是最大化任务 Q 的社会价值，那么最优的官僚体制结构就是以下最优化问题的解：

$$\max_{s_i\in\{f_1,\cdots,f_n\}} \sum_{i=1}^{n} v(Q_i,s_i)-c(Q_i,s_i) \qquad (4-49)$$

---

① 该假设意味着官僚机构$\mathcal{B}$至少由两名及以上的官僚构成。

② $r(Q)$ 可更抽象地写成 $\int_v \Phi_k^* \mathrm{d}G(k)$ 的形式——其中 $G(k)$ 即官僚对个人状态的主观分布——从而与前面的分析保持一致。但由于任务 Q 是外生给定的，因此 k 和 $G(k)$ 不会影响结果，故做此简化。

若$v(Q_i, f_j)$，$\forall f_j \in \{f_1, \cdots, f_n\}$ 且$i \neq j$，则$s_j \in \{f_1, \cdots, f_n\} / \phi_j$，其中，

$$\phi_j = \bigcup_{k=1} M_k = \{f_{l_1} \mid v(Q_{l_1}, f_j), l_1 \neq j\} \cup \{f_{l_2} \mid v(Q_{l_2}, f_{l1}), l_2 \neq l_1, l_1 \in M_1\} \cup \{f_{l_3} \mid v(Q_{l_3}, f_{l_2}), l_3 \neq l_2, l_2 \in M_2\} \cup \cdots$$

当$k \neq 1$时，$M_k = \{f_{l_k} \mid v(Q_{l_k}, f_{l_{k-1}}), l_k \neq l_k - 1, l_k - 1 \in M_{k-1}\}$；当$k = 1$时，$M_1 = \{f_{l_1} \mid v(Q_{l_1}, f_j), l_1 \neq j\}$。上述约束条件表示，一名官僚如果是另一名官僚直接或间接的上司，他就不能同时是这另一名官僚的直接或间接的下属。接下来首先从两名官僚的简单的情形开始，讨论最优官僚体制结构的一些性质。

2. 两名官僚的情形

假设$n = 2$，即官僚机构$\mathcal{B}$中仅有两名官僚。在这种情形下，官僚体制结构可能有三种形式（见表4－2）。

表4－2　两名官僚情形下可能的官僚体制结构

A	B	C
1　　2	1	2
—	2	1

在结构A中，官僚1和官僚2是相互独立和平级的关系；在结构B中，官僚1是官僚2的上司；而在结构C中则相反，官僚1是官僚2的下属。根据前面的最优化问题的形式，我们可以直接写出三种官僚体制结构能带来的总收益，分别是：

$$V_A = v(Q_1, f_1) + v(Q_2, f_2) \tag{4-50}$$

$$V_B = v(Q_1, f_1) + v(Q_2, f_1) - c(Q_2, f_1) \tag{4-51}$$

$$V_C = v(Q_1, f_2) + v(Q_2, f_2) - c(Q_1, f_2) \tag{4-52}$$

显然，如果$V_A \geqslant V_B$，则$c(Q_2, f_1) \geqslant v(Q_2, f_1) - v(Q_2, f_2)$，此时结构$A$要优于结构$B$。这表示，当官僚1向官僚2“准确描述”关于任务$Q_2$的要求的合约成本太高，以至于抵减了官僚2按官僚1的判断行事所带来的收益时，就应该允许官僚2按自己的判断独立执行任务Q_2，官僚1和官僚2是平级关系。相类似的，如果$V_A \geqslant V_C$，则$c(Q_1, f_2) \geqslant v(Q_1, f_2) - v(Q_1, f_1)$，此时结构A要优于结构C。

结构B和结构C的关系与上述关系略有不同。如果$V_B \geqslant V_C$，则$[v(Q_1, f_1) - v(Q_1, f_2)] + [v(Q_2, f_1) - v(Q_2, f_2)] \geqslant c(Q_2, f_1) - c(Q_1, f_2)$，其中$v(Q_1, f_1) - v(Q_1, f_2)$是官僚1按自己的判断行事的边际收益，$v(Q_2, f_1) - v(Q_2, f_2)$是使官僚2按照官僚1的判断行事的边际收益，而$c(Q_2, f_1) - c(Q_1, f_2)$则是使官僚2按照官僚1的判断行事的边际成本。如果两项边际收益之和大于边际成本，那么官僚1就应当成为官僚2的上司；否则就应当成为官僚2的下属。由此可见，官僚1是否应当成为官僚2的上司，受到三个因素的影响：第一，官僚1按自己的判断行事的边际收益。这一边际收益相对高，官僚1就应当成为上司。第二，官僚2按照官僚1的判断行事的边际收益。同样这一边际收益相对高，官僚1就应当成为上司。第三，官僚1向官僚2发出指示的合约成本$c(Q_2, f_1)$，相对低，官僚1也应当成为官僚2的上司。在后文将会看到，上述结论是具有一般性的。

3. 三名官僚的情形

假设$n=3$，即官僚机构$\mathcal{B}$中有三名官僚。由于在三名官僚构成的官僚体制结构中，部分性质与两名官僚构成的官僚体制结构是相同的，因此，为了避免分析的烦冗，此处着重分析因引入第三名官僚而产生的新性质，不妨仅考虑以下两种结构（见表4－3）。

表4－3　三名官僚情形下可能的官僚体制结构

A		B
1		1
2	3	2
—		3

给定官僚1是官僚2和官僚3的上司，相比两名官僚的情形，引入官僚3所导致的新问题是：官僚3应当直接听命于官僚1，还是直接听命于官僚2、间接接受官僚1的领导？同样地，首先写出这两种情形的收益表达式：

$$V_A = v(Q_1, f_1) + v(Q_2, f_1) + v(Q_3, f_1) - c(Q_2, f_1) - c(Q_3, f_1) \qquad (4-53)$$

$$V_B = v(Q_1, f_1) + v(Q_2, f_1) + v(Q_3, f_2) - c(Q_2, f_1) - c(Q_3, f_2) \qquad (4-54)$$

当 $V_A \geqslant V_B$ 时，有 $v(Q_3, f_1) - v(Q_3, f_2) \geqslant c(Q_3, f_1) - c(Q_3, f_2)$，此时结构 A 就要优于结构 B。从此不等式可见，当官僚 3 按官僚 2 的判断行事所得收益 $v(Q_3, f_2)$ 较高，或官僚 1 直接向官僚 3 “准确描述”任务 Q_3 应如何完成的“合约成本” $c(Q_3, f_1)$ 较高，从而使得上述不等式不再成立时，那么，官僚 3 就应该直接听命于官僚 2，而不是作为官僚 2 的“同级”直接接受官僚 1 的领导。

这一结论实际上为我们提供了关于最优官僚体制结构的核心观点。与一般的市场交易合同类似，不同合同之间的效率与合约成本紧密相关，不同官僚体制结构的效率也与合约成本紧密关联。合约的成本使得资产的剩余控制权变得至关紧要，从而决定了官僚机构是应该雇用一名公务员来提供服务，还是应该在市场上签订一份政府购买合同来提供服务。已有的政府最优边界理论解释了这一点（Hart，1997）。但如果政府雇用了多名公务员替代了多份政府购买合同，那么应该如何安排多名公务员之间的科层结构呢？决定这一结构的效率的关键也在于“合约成本”。这正如前面所述，在给定收益不变的条件下，对于一位上司来说，如果他的一名下属甲能比他更“完备”地向其另一名下属乙发出指示、制定具体的考核指标，那么该上司就应该把乙安排为甲的下属，把精力尽可能多地放在对甲进行直接领导上。

4. 一般情形下的基本不等式

一般地，如果任意给定一个由 n 人构成的官僚机构$\mathcal{B}$，以及其中的两名官僚 i 和 j。假设官僚 j 直接控制着至少一名下属，将他的任意一名直接下属 k 以及由该下属控制的整个官僚机构分支都改为接受官僚 i 的领导。此时，如果这一变动是帕累托改进，那么收益和合约成本的变化必然满足：

$$v(Q_k, f_i) - v(Q_k, f_j) \geqslant c(Q_k, f_i) - c(Q_k, f_j) \qquad (4-55)$$

记 $\Delta v_{i,j}(k) = v(Q_k, f_i) - v(Q_k, f_j)$ 和 $\Delta c_{i,j}(k) = c(Q_k, f_i) - c(Q_k, f_j)$，于是不等式（4－55）可写成 $\Delta v_{i,j}(k) \geqslant \Delta c_{i,j}(k)$。特殊地，如果下属 k 独立成为一个单独的分支是有利可图的，那么不等式（4－55）就会写成：

$$v(Q_k, f_k) - v(Q_k, f_j) \geqslant c(Q_k, f_k) - c(Q_k, f_j) = -c(Q_k, f_j) \qquad (4-56)$$

由此可得 $\Delta v_{k,j}(k) \geqslant -c(Q_k, f_j)$，或 $\Delta v_{j,k}(k) \leqslant c(Q_k, f_j)$。接下来将进一步在官僚体制结构中引入事前和事后信息及其控制权配置因素，并运用在此得到的基本不等式，证明最优官僚体制结构中事前和事后信息的控制权配置应具备怎样的特征。

5. 最优官僚体制结构中的事前与事后信息水平

单纯指出官僚体制结构取决于剩余控制权的收益以及“准确描述”执行要求的合约成本，是不足的。一个完整的官僚体制理论，恰恰需要说明：到底是什么使得上司能对下属形成有效的控制，“合约成本”又是由何种因素引起的？

首先讨论官僚体制中的事前信息。根据不完全契约理论（Hart，1995），命令控制关系的有效实现，有赖于做出指令的一方掌握另一方所不拥有的关键非人力资产。从这个角度来看，在官僚机构中，上司之所以能够对下属进行有效的管理，原因也在于上司掌握了一些下属所不拥有的、关键性的非人力资产；而下属履行职能并产生经济价值，是离不开这些非人力资产的。那么，这些关键的非人力资产是什么呢？对于行政管理工作来说，公民的身份信息、户籍关系、财产和收入状况、婚姻登记、工商税务登记、违法犯罪记录、信用记录等有关事前决策的信息档案，就构成了政府进行行政管理的最核心的非人力资产。为什么说这些资产对官僚机构的“事前”决策是重要的呢？第一，这些信息资产并不仅仅是满足日常行政管理工作的需求而已，它们在很大程度上能够反映社会对的公共利益，因此，根据这些信息，制定法律和做出行政决策的机构就能够相对清晰地判断决策带来的收益和成本，从而做出有效的决策。以税收为例，通常政府行政管理能力较强、有着良好制度规则的国家，也会拥有相对复杂烦琐的税法。藏在一部部税法“巨著”中的各种令人眼花缭乱的税收减免和重课条款、税率税目分类等，都是为了更好地平衡公共利益、分摊公共成本以及对政府形成有效的财政激励而设计的。但在政府行政管理能力较弱、制度条件恶劣的国家，税法就可能会简单得令人惊讶，如按人头均摊的苛捐杂税和劳役等。而为复杂的税法、高超的行政管理能力提供支撑的，正是上述提到的那些事前信息资产。有效地搜集和运用这些信息资产，是政府官僚机构具有卓越行政管理能力的一个重要标志——萧何追随刘邦入咸阳时，金银财宝都不要，唯独着急地去抢夺户籍、土地、交通等官府档案资料，为击败西楚霸王项羽、建立西汉王朝提供了重要的条件，说的就是这个道理①；包税人制度（徐国栋，2010）以及卖官鬻爵行为②之所以会败坏官府管理能力，原因也正在于此。第二，事前信息作为一种资产，其剩余控制权唯有交给合适的官僚控制，才能够得到最有效的运用。从前面的理论模型来看，对于那些能够按照真实的社会支付意愿分布 $f[r(Q)]$ 进行决策的官僚来说，事前信息的剩余控制权就应该交给其所有，然后由他依托这些信息资产对下属官僚进行控制，只有这样才能够使得官僚体制产生最大的经济价值。因此，我们才会在现实中看到，越是接近底层的官僚，运用这些资产的权限也就越狭隘，越需要依据频繁的请示或明确的考核指标行事。相反，如果底层的官僚占有了这些事关有效决策的事前信息，同时使得上级的官僚无法做出有效的决策，官僚体制就会接近于分崩离析。“公厚赋为台池而不恤政，政在私门，其可久乎？”③ 说的就是这种情形。

接下来讨论的是事后信息及其对“合约成本”的影响。按照前文的定义，这种“合约成本”指的是上级官僚向下属“准确描述”应如何按上级官僚判断行事的成本。从前面的理论模型来看，由于存在“合约成本”，处于最顶层的官僚直接向最底层的官僚发号施令、制定考核标准，是低效率的；有效率的方式应该是，顶层的官僚集中精力对中层的官僚进行直接管理，然后间接通过中层的官僚对底层官僚进行领导，因为中层官僚相对于上层的官僚有较低的“合约成本”。

但问题在于，导致“合约成本”产生差异的原因是什么呢？这与事

---

① 根据司马迁《史记·萧相国世家》记载：“及高祖起为沛公，何常为丞督事。沛公至咸阳，诸将皆争走金帛财物之府分之，何独先入收秦丞相、御史律令图书藏之。沛公为汉王，以何为丞相。项王与诸侯屠烧咸阳而去。汉王所以具知天下厄塞，户口多少，强弱之处，民所疾苦者，以何具得秦图书也。”

② 司马光在《资治通鉴·卷第十九·汉纪十一》中记载：“（元朔六年）六月，诏令民得买爵及赎禁锢，免臧罪。置赏官，名曰武功爵，级十七万，凡直三十馀万金。诸买武功爵至千夫者，得先除为吏。”由此“吏道杂而多端，官职耗废矣”。

③ 参阅司马迁《史记·晋世家》。

后决策执行过程中的“事后信息”有关。前面提到的“事前信息”主要是在事前影响官僚做出决策的效率的，即事前信息会在决策发生前被考虑和“计价”。但对于官僚机构完整地执行一项任务来说，单纯拥有决策所需的“事前信息”是不够的，执行过程中的“事后信息”同样也十分重要。然而，当交易费用存在时，在事前完备地掌握这些“事后信息”，通常是低效率的，因为这些信息对于决策者确定任务目标及任务的价值而言，并不十分要紧；事前放弃这些信息并不会使任务的预期价值大幅缩水，控制这些信息反而无法抵偿由此带来的高昂的合约成本。

如果在事前控制“事后信息”是不经济的，那么，这些信息的价值体现在什么地方呢？由于“事后信息”涉及如何在具体的条件下确保既定目标得以顺利实现，因此对任务的事后执行而言十分关键。用前文的理论模型来看，事前信息主要影响任务的总价值 $v(Q, f)$，因为这些信息能够在事前清晰地被充分考虑和“计价”；而事后的信息则主要影响合约成本 $c(Q, f)$，这是因为事后信息要写入上下级官僚的事前“合约”中，有着高昂的合约成本。因此在数学上，$c(Q, f)$ 仅仅表现为事前决策的“租金折损”，正如在 Hart（1995）的不完全合约标准理论中，关系专用性投资作为租金折损项的作用一样。举例来说，公民的财产、户籍关系、犯罪和信用记录等信息，对官僚机构事前确定税收收入目标、安排财政支出等是至关紧要的，但至于这位公民到底方便在哪个工作日到税务局缴税，就对任务目标的预期总价值没多大影响了；或者说，在事前考虑这些信息并清晰地写入“合约”对下属进行考核，是不划算的，所得收益无法抵偿高昂的合约成本。事后信息越是不影响任务目标的总价值，就越是可以交由对具体执行条件较为了解的下级官僚进行控制，上级官僚对这些事后信息资产的控制就越是间接。一般来说，越是接近具体任务执行对象的官僚——通常就是越接近下层的官僚——对事后信息的掌握越充分，就决定了中层官僚能比高层官僚更容易向底层官僚“准确描述”任务的执行细节，从而更准确地发号施令和制定考核标准。

需要注意的是，事前信息与事后信息往往是难以截然分割开来的。例如，对于一个行政管理能力低下、仅仅以人头税为满足的官僚机构来说，不同个人的身份特征和财产状况信息，是与其决策无关的，甚至完

全放在事后交由下级官僚掌握；但对于一个行政管理能力较强、有着复杂的税制以平衡公共利益的政府来说，个人的身份特征和财产状况信息，就是事关上级官僚政治决策的重要事前信息。因此，事前信息和事后信息之间并不是截然分离的，两者之间可能会相互转化：当事后信息对于事前决策变得十分紧要的时候，事后信息的剩余控制权就会向上移交，掌握相关信息的官僚或官职就会更加直接地受到顶层官僚的领导；反之，当事前信息变得对事前决策无关紧要的时候，相关信息的剩余控制权就会向下移交，掌握相关信息的官僚或官职也就会向官僚体制的底层移动。

基于上述的分析，在假设1至假设6的基础上新增两个信息方面的假定。假定任意官僚 $i \in B$ 的事前信息水平 θ_i 是外生给定的参数，满足 $0 < \theta_i \leqslant 1$。又假定公民对公共服务的支付意愿 $r(Q)$ 在分布 $F[r(Q)]$ 下的均值为 $E[r(Q)] = \mu$，方差为 $Var[r(Q)] = \sigma^2$；官僚 i 对公民支付意愿的主观估计值为：

$$r_i(Q) = \theta_i^{\frac{1}{2}} r(Q) + \varepsilon\left(\frac{1}{\theta_i} - \theta_i\right)^{\frac{1}{2}} \quad (4-57)$$

其中，ε 是随机扰动项，$E(\varepsilon) = 0$ 以及 $Var(\varepsilon) = \sigma^2$。因此有：

$$Er_i(Q) = \theta_i^{\frac{1}{2}} \mu \quad (4-58)$$

$$Var(r_i(Q)) = \frac{1}{\theta_i}\sigma^2 \quad (4-59)$$

此时官僚基于事前信息水平 θ_i 对公民支付意愿 $r(Q)$ 估计所得的主观分布为 F_i，对应的密度函数自然为 f_i。当 $\theta_i = 1$ 时，$f_i = f$，同时 $v(Q_i, f_j)$ 也等于其所能取得的最大值 $v(Q_i, f)$；当 $\theta_i \to 0$ 时，$v(Q_i, f_j) = 0$。其中，v 是事前信息 θ 的函数。$i, j \in B$。不妨记 $v(Q_i, f_j) = v(Q_i, f \mid \theta_j)$。最后，再假定 v 关于事前信息 θ 是严格单调递增的，满足 $\partial v / \partial \theta > 0$。综上所述可得如下假设：

假设7：事前信息水平 θ 满足 $0 < \theta \leqslant 1$；$v(Q_i, f \mid 1) = v(Q_i, f) > 0$，$\lim\limits_{\theta_j \to 0} v(Q_i, f \mid \theta_j) = 0$；$\partial v / \partial \theta > 0$。

接下来讨论关于事后信息的假定。设官僚 i 事后信息水平 a_i 满足 $0 < a_i \leqslant 1$。记 $c(Q_i, a_j)$ 是考虑了事后信息水平的合约成本。由于 $c(Q_i, f_j)$ 是官僚 j 向官僚 i 事后“完备”地描述其执行指示的合约成本，$c(Q_i, f_j)$

之所以不同于 $c(Q_i, f_k)$，$j \neq k$，原因就在于事后信息的不同。假定事后信息水平 $a_j = a_k$，$c(Q, f)$ 中的 f 就仅仅标示了一份雇用合约中的“上司”，此时只要收益 $v(Q, f)$ 不变，$a_j = a_k$ 就必然意味着 $c(Q_i, f_j) = c(Q_i, f_k)$。因此，不妨将 $c(Q_i, f_j)$ 简化地记为 $c(Q_i, a_j)$。设当 $a_j = 1$ 时，$c(Q_i, 1) = 0$；当 $a_j \to 0$ 时，$\lim_{a_j \to 0} c(Q_i, a_j) = +\infty$，其中 $i \neq j$。此外，再假定合约成本 c 关于事前信息 a 是严格单调递减的，即 $\partial c / \partial a < 0$。综上可得以下假设：

假设8：事后信息水平 a 满足 $0 < a \leqslant 1$；$a_j = 1$ 时，$c(Q_i, a_j) = 0$；$\lim_{a_j \to 0} c(Q_i, a_j) = +\infty$；$\partial c / \partial a < 0$。其中 $i \neq j$。特殊地，当 $i = j$ 时，$c(Q_i, a_i) \equiv 0$，对任意的 $a_i \in (0, 1]$ 成立。

基于新增的假设7和假设8，我们可得到以下的命题：

命题4-5：给定任意的官僚 $j \in \mathcal{B}$，$\mathcal{B}$ 为至少有三个人的官僚集合，且假设1～8均满足。若存在 $i \in \mathcal{B}$，$i \neq j$，使得 $\theta_i > \theta_j$ 且 $a_i > a_j$，即官僚 i 无论是事前信息水平还是事后信息水平均大于官僚 j，那么官僚 j 必然处于最优官僚体制结构的最底层，即官僚 j 在最优官僚体制结构中没有任何直接或间接的下属。

证明：设存在官僚 $k \in \mathcal{B}$ 是官僚 j 的下属，$k \neq i$ 且 $k \neq j$。若官僚体制结构是最优的，那么让官僚 k 成为官僚 i 的下属是不经济的，这意味着有以下的不等式成立：

$$\Delta v_{i,j}(k) \leqslant \Delta c_{i,j}(k)$$

但由于 $\theta_i > \theta_j$ 且 $\partial v / \partial \theta > 0$，因此有 $\Delta v_{i,j}(k) > 0$；同时由于 $a_i > a_j$ 且 $\partial c / \partial a < 0$，因此，有 $\Delta c_{i,j}(k) < 0$，矛盾。证毕。

上述命题4-5意味着，若官僚机构中存在一名官僚比另一名官僚同时具有较高的事前和事后信息水平，那么这另一名官僚对官僚体制结构的决定来说，是无关紧要的；若官僚体制结构是最优的，他永远处于相同的最低层级，听命于他人；无论他的位置怎么安排，都不会影响地位高于他的那些官僚们的科层结构。基于命题4-5我们可以进一步直接得到以下命题：

命题4-6：若假设1～8均满足，那么在最优官僚体制结构中，官僚等级必然与事前信息水平成正比；除了最低层级的官僚之外，官僚的等级必然与事后信息水平成反比。

证明：假定任意官僚i，j，$k \in \mathcal{B}$，$\mathcal{B}$为至少有三个人的官僚集合，且官僚i是官僚j的上司，官僚j又是官僚k的上司，即官僚i，j，k构成一个纵向科层关系的片段。假定这一结构是最优的，那么，必然有以下的两个条件成立：

$$\Delta v_{i,j}(k) \leqslant \Delta c_{i,j}(k)$$

$$-\Delta v_{i,j}(j) + c(Q_j, a_i) \leqslant 0$$

第一个不等式表示将官僚k归官僚i直接领导是不合算的，第二个不等式则表示官僚j独立为一个分支是不合算的。首先，如果$0 \leqslant \Delta v_{i,j}(k) \leqslant \Delta c_{i,j}(k)$，则有$\theta_i \geqslant \theta_j$以及$a_i \leqslant a_j$。其次，如果$\Delta v_{i,j}(k) \leqslant \Delta c_{i,j}(k) \leqslant 0$，此时有$\theta_i \leqslant \theta_j$以及$a_i \geqslant a_j$，但是根据第二个不等式，$0 \leqslant c(Q_j, a_i) \leqslant \Delta v_{i,j}(j)$，因此有$\theta_i \geqslant \theta_j$，除非$\theta_i = \theta_j$，否则矛盾。最后，如果$\Delta v_{i,j}(k) \leqslant 0 \leqslant \Delta c_{i,j}(k)$，则有$\theta_i \leqslant \theta_j$以及$a_i \leqslant a_j$。此时，根据命题4-5，除非$\theta_i = \theta_j$以及$a_i = a_j$，否则官僚$i$就不应该成为官僚$j$的上司，因为此时官僚$j$独立出来可获得正的收益，即有$-\Delta v_{i,j}(j) + c(Q_j, a_i) > 0$。这与官僚体制具有“最优”结构的假定是矛盾的。因此，成立的只能是$\theta_i \geqslant \theta_j$，以及$\theta_i \leqslant \theta_j$。

最后讨论关于官僚k的信息水平。由于“官僚j是官僚k的上司”是最优的，那么官僚k独立出来就是不经济的，这意味着$-\Delta v_{j,k}(k) + c(Q_k, a_j) \leqslant 0$，$0 \leqslant c(Q_k, a_j) \leqslant \Delta v_{j,k}(k)$，即$\theta_j \geqslant \theta_k$——这一结论对于只有两名官僚构成的纵向科层关系也是成立的。综上所述，可得$\theta_i \geqslant \theta_j \geqslant \theta_k$以及$a_i \leqslant a_j$。由于$i$，$j$，$k$的选取是任意的，因此，上述结论对于任何由不少于两名官僚构成的纵向科层关系都是成立的。

之所以无法得出$a_j \leqslant a_k$，原因在于：根据假设8，$c(Q_k, a_k) = 0 \leqslant c(Q_k, a_j)$并不意味着$a_j \leqslant a_k$成立。如果最底层的官僚无论是事前信息水平还是事后信息的水平，都可能低于纵向科层关系上某名官僚，在这种状况下，根据命题4-5，他必然处于整个官僚结构的最底层。相反，如果最底层的官僚事前信息水平最低，但事后信息水平最高，这自然就满足上述的结论了。证毕。

6. 与前一个模型之间的关系

这一新的模型实际上与前面的模型是一致的，本节的新模型是更一般的情形。行政官僚在"照章办事"的过程中，规则约束的是官僚的事前决策，因此对于受约束者来说，只要规则包含了更多的事前信息，那么"照章办事"、形式主义行为就是有效率的。结合本节的新模型来看，在最优的官僚体制结构中，假定其他条件不变，事前信息越少的官僚就越处于官僚体制的下层，他就越应当听从指令行事。这意味着，越下级的官僚对事前信息的剩余控制权也越小，因此要实现官僚体制的最优效率，他的决策对事前信息价值的影响就应该降到最低。一般来说，将这一影响"降到最低"的方式，就是"听从指令"：如果他听从的是上级官僚的命令或行政规章，那么该上级官僚就是他的直接"上司"；如果他听从的是外部立法机构颁布的法律，那么该外部的立法机构就是其直接"上司"。由此可见，这两个模型，在本质上是一致的。

第六节　反官僚体制的心境

奥地利学派经济学家米塞斯曾经写了一本名为《反资本主义的心境》(1991) 的书，反思了反对资本主义和市场经济的种种思想根源。本节笔者借用了该书的标题。不过本节想探讨的则是另一种心境，这种心境反对的是"官僚体制"，且通常在"反官僚主义"的口号下攻击官僚体制。本节讨论"反官僚体制"思想的实质和根源，反对"官僚主义作风"在什么条件下才不会对官僚机构的有效职能造成损害，而在什么条件下却可能会有害于良好官僚体制的构建。

按我们通常的理解，官僚体制似乎是与市场体制截然相反的事物：在前者中，人们往往照章办事、守旧死板；但在后者中，人们则往往敢冒风险、开拓创新，想办法穷尽一切盈利的机会。市场体制中的个人，在其私人生活里绝对算得上是不折不扣的"暴君"，他的喜好和脾性瞬息万变——只要他开心的话，可以选择今天吃猪肉，明天吃鱼肉；可以今天吃草莓味的雪糕，明天再换成香草味的……总而言之，支持市场体制的观点通常与一种可称为“消费者主权论”的观念紧密联系，这种观念认为，市场正是由无数个如此喜怒不定的“暴君”统治着的，社会的整个生产经营过程都围绕着他们运转。[①] 但这一个个分散在市场中的“暴君”，只要碰上官僚体制，事情就会立马不同了——原本在能够按个人偏好的“实质”进行选择的场合，他们现在却只能受碍于他们通常并不理解的种种“形式”，他们瞬息万变的喜好和脾性现在却受制于刻板的程序。从这个角度看，他们厌恶官僚体制的态度自然就很容易理解了。如果这么来看待官僚体制和市场体制的含义和两者之间的关系的话，那么官僚体制与市场体制确实是互相冲突的两回事，“反官僚体制的心境”与“反市场体制的心境”也因此成为两种互相冲突的观念。

然而，根据韦伯的理论，理性官僚体制广泛运用于政府与企业组织，恰恰是资本主义市场经济繁荣昌盛的一个重要原因。[②] 但既然官僚体制是这么有益于社会的事物，为什么它又那么经常地招人厌恶呢？令人惊奇的是，憎恶官僚体制中各种“形式主义”作风的，并不只是受到官僚体制统治的普通群众，皇帝、君主这类通常被视为“最高统治者”的人物，也往往对恪守形式的官僚作风深恶痛绝。这些“最高统治者”很可能会打着“公共利益”或“实质性民主”的旗号，在群众的欢呼下对官僚体制发起猛烈的攻击，将维护市场秩序所必需的官僚机构摧毁殆尽。如果用韦伯的理论来看，“反官僚体制”与“反资本主义”或“反市场体制”，很可能就是一回事。

怎样解释上述的矛盾呢？我们不妨把官僚体制和市场体制视为两种运用资产的方式。理论上说，要使资产得到最佳的运用，必不可少的要素是清晰的“理性计算”，充分权衡资产用于一种用途而放弃另一种用途时所产生的收益和成本；官僚体制和市场体制的区别，就在于谁来进行

---

① 参阅［奥］米塞斯《人的行动：关于经济学的论文》，余晖译，上海人民出版社2013年版。

② 参阅［美］韦伯《经济与社会》，林荣远译，商务印书馆2006年版。

这种计算、谁可以决定通过何种方式来进行计算。在市场体制中，这种计算通常是由个人来进行，而在官僚体制中，这种计算则由行政官僚所恪守的“程序”来进行，以行政官僚的“照章办事”取代个人根据自身有限知识的经济计算。我们没有理由先验地认为一种计算方式必然要优于另一种。拥护市场体制的观点通常认为个人分散的经济计算更为有效，例如哈耶克教授在《知识在社会中的运用》（1945）一文中所论述的那样。但哈耶克教授也提到，个人的理性是有限的，不可能时刻通过理性的计算做出决策；个人也会“理性”地利用那些日积月累地凝聚在规则、习惯中的智慧，用它们来取代自身根据有限知识进行的计算，从而也会在某种程度上像一个行政官僚那样“照章办事”。当人们进一步依靠外部的官僚机构而非自身的力量来维持这种规则时，行政官僚的决策就会取代个人的决策。因此，只要行政官僚所恪守的规则是对社会有利的，官僚体制就不会与市场体制相冲突。

问题就出在如何确定行政官僚所恪守的规则是对社会“有利”的。要计算“规则”的收益和成本，是一件极其困难的事情。由于没有市场价格，计算“规则”的收益和成本就需要通过公共决策机制，这种机制可以是专断的，可以是民主的，也可能是一种自生自发的秩序。但不论怎样的公共决策机制，总会产生某种固定的制度规则，而官僚体制的作用就在于保证这些固定规则能得到有效执行。由于规则是抽象且相对固定的，官僚体制才会表现出那些招人厌恶的特征：守旧死板，推诿卸责，等等。从这个角度来看，我们就能发现那些不同的“反官僚体制”的人，都有共同的特征：他们都希望打破既定规则，将根据自身有限认知获得的、所谓“实质性”的社会利益付诸实现。从这个角度来看，“照章办事”的行政官僚尽管刻板地统治着普通群众，但也在一定程度上抵御了来自皇帝、狂热的政客乃至一群暴民的“异想天开”的要求。市场需要规则，规则的实施又需要行政官僚，因此，“反市场体制”的人，往往可能也是一个“反官僚体制”的人；同样，“反官僚体制”的人，往往也会损害市场体制。

我们可以用理论来更一般性地讨论这个问题，并进一步阐明“反官僚体制”的有效性边界，说明在什么条件下“反官僚体制”会损害市场，

在什么条件下又会有利于市场繁荣。为此，我们需要回到第二章寻租理论。尽管这一分析过程略显迂回和抽象，但笔者认为，这对于最终的结论而言是必不可少的。分析过程可分为以下三点。

1. 寻租理论对政府和企业组织的普遍适用性

根据寻租的一般理论，假设在完全契约条件下，政府的行政管制就是对市场竞争和试错机制的一个等效替代。但是，这也意味着，对需求者来说，购买政府对企业的控制——不论是通过抽象的制度规则对企业实施管制，还是直接将企业人员雇用为公务员——也等同于购买企业对生产要素的控制。在这种状况下，对产品的控制和对生产经营过程的控制是等同的，而且无论这种控制是由政府还是企业实施，对需求者来说也仍然毫无二致。由此可见，要是从广义上来运用寻租的概念，寻租的一般理论同样可用在企业组织之上，而不仅仅像前文那样用在政府之上。此时，企业家对生产要素的控制替代了需求者直接在要素市场上的竞争和试错行为，就像政府行政管制替代了需求者去选择产品和企业一样。

2. 管制的相互性质

寻租的一般理论还表明，权力所引致的任何管制和寻租行为都是相互的，正如科斯定理中外部性是相互的一样。如果事前缺乏对权利的界定，未能通过明确的契约说清楚哪种寻租行为被允许，那么我们将无法从法律意义上确定什么是对社会有利的“合法服务购买”或“剩余控制权”占有，什么是损害社会利益的“非法寻租或垄断”行为。既然权力所引致的寻租行为都是相互的，同样由权力衍生出来的管制或剩余控制行为自然也是相互的。这是什么意思呢？举个简单的例子：假设市场上有需求者甲和乙，以及一个供给者丙，在“竞争”条件下，均衡状态是丙向出价最高的需求者甲提供产品和服务，而需求者乙由于无法承受高价而没有同供给者丙发生交易。根据寻租的一般理论，如果以租金最大化为目标的政府此时要对市场中的交易主体进行管制，以改变其交易行为，那么在完全契约的条件下，政府既可以禁止需求者乙购买供给者丙的产品和服务，也可以禁止供给者丙向需求者乙提供产品和服务，或者只允许供给者丙向需求者甲提供产品和服务；此时，只要政府能够提出并实施合适的条款或“寻租条件”，上述的所有管制方式就理应是等效的，都会达到使得总租金最大化的竞争均衡状态，只是这时候交易双方的租金为管制者所有。

我们还可以进一步将这一结论推广到组织理论中去。根据现有的组织理论（Coase，1937；Hart，1995），如果一笔交易是以科层命令的方式而非外包合同的方式发生，那么我们就认为交易的一方对另一方拥有相关资产的剩余控制权，从而产生了科层制组织。这种科层制组织中的控制关系，也可视是管制的一种彻底的形式，因为这种管制获取了被管制对象的资产的剩余控制权。通常我们认为，科层组织“管制”着生产要素，然后向它们各自的“需求者”出售产品和服务。但既然“管制”是相互的，为什么不能反过来看呢？假设契约是完全的，科层组织都知道竞争状态下交易双方最大化市场利益的所有细节，那么不管科层组织是通过雇用它们的“需求者”，以命令控制的方式指示他们应该如何消费，然后再在生产要素市场上进行交易，还是通过控制生产要素，然后把它们在最终产品市场上卖给“需求者”，按理说应该是等价的。

通常我们在市场上见到的企业，是通过“管制”生产要素，然后把最终产品卖给偏好复杂多变的消费者，而不是通过“雇用”消费者，然后把他们卖给生产要素的所有者——是按一定时间上下班的企业职员和公务员这样的角色，而不是最终消费者这样的角色。这是为什么呢？为什么是消费者购买了企业对生产要素的“管制”，而不是反过来，生产要素购买企业对消费者的“管制”呢？原因同样在于交易成本。若令消费者充当企业的“雇员”在经济上是划算的，那么企业家就需要像一个无所不能的“社会计划者”一样，清楚地核算每个“消费者雇员”的有效需求，并指令他们运作某种消费过程，最终使得外部的生产要素所有者愿意最大程度地将生产要素卖给该企业——这实质上就是在核算每个“消费者雇员”对企业的边际贡献。但这种核算的交易成本会高昂得难以想象，根本原因在于消费者具有极其复杂的时间和空间变化——把生产最终产品的工人按规定时间集中在相同的生产场所进行控制，会提升产品的质量；但把偏好瞬息万变的消费者弄得像上班一样，按规定时间集中在相同的场所满足自己的需求，就简直是一场灾难了。这就是为什么通常在私人产品市场上允许“消费者主权”的原因，因为比起相反的情况，让企业“管制”作为生产要素的人力和非人力资产，然后把最终产品卖给按自己偏好自由选择的消费者，能更有效地节约成本和增进社会利益，也能更有效地使企业家和消费者各自拥有的那些无法缔约的，但具有经济价值的资源产生价值。

相反的状况是否就不存在呢？不是的。当涉及公共产品以及相关的集体行动困难时，“消费者主权”就不再是经济的了。设想一下：一支军队、警察或公务员队伍，又或者一架战斗机、一辆坦克、一条公路等，尽管其供给价格是清楚的，但是否可能以单个消费者为销售对象呢？事实是，除非它们的消费者以某种方式被组织或“管制”起来，否则单个的消费者在分散决策的条件下是不会购买这些具有外部性的公共产品的。奥尔森教授在《集体行动的逻辑》（2011）一书中将此称为“集体行动的困难”。因此，政府组织可看成具有私人产品市场的企业组织的相反结构，它“管制”最终消费者，把他们的需求“卖”给公共产品的供给者，这种“管制”是以征税和行政执法来实现的——纳税人遵照法律在规定的时间和地点纳税、服役，和企业员工遵照公司章程在规定的时间和地点出现在岗位上，可能没有什么本质上的差异。奥尔森教授认为，集体行动困难会降低公共产品的供给水平，但如果按上述观点来看，该命题就并非必然成立了。拥有行政权力的政府官僚和企业家一样，如果他们认识到满足被“管制”起来的消费者对公共产品的需求有利可图，他们就会积极地去这么做，就像企业家发现了市场利润机会后积极地去组织生产一样；如果消费者也认为接受政府的“管制”能获得等价的公共产品收益，他们也会乐于接受“管制”，赋税和执行的法律制度也会被承认。[①] 通常我们会习惯性地将研究企业组织的思维带到研究政府官僚组织中去，将政府官僚机构视为一个组织公共产品生产，然后“卖”给纳税

---

① 官僚机构在内部对公务员的管理，以及在外部对公民的管理，都依赖于档案文书等关键的非人力资产。对于受雇用的公务员来说，不依赖于这些非人力资产，就无法获得行政执法的“权威”；对于被管理的公民来说，不依赖于这些非人力资产，就无法依靠行政官僚机构防止逃税等损害集体行动的“搭便车”行为。公民作为集体行动的供给者时，是官僚机构的直接统治和控制的对象，是官僚机构控制链条上最末的一环；但公民作为集体行动的受益者时，如果拥有相应的立法权力，制定外部规则以约束官僚机构，那么其又是官僚机构的最大“上司”。

人的科层组织，但实际上事情可能恰好是反过来的：政府官僚机构通过征税和行政执法“控制”纳税人，营造良好的社会市场秩序，将纳税人“卖”给市场上的企业，或者“卖”给对公共产品有需求的纳税人本身——这是由于公共产品价值的实现需要集体行动被有效组织起来的缘故。

3.“反官僚体制”事与愿违的原因

根据上面第2点的分析，有效的官僚体制意味着对公共产品有需求的社会成员能够被有效地组织和动员起来，摆脱“集体行动的困难”。这种有效组织集体行动的能力，有研究将其称为“国家能力”（福山，2014）。而根据本章第二节和第三节的分析，这种“国家能力”的实现，有赖于两个条件：一是最大化社会利益的制度规则（即有效制度）被选择出来，二是被选择出来的制度规则能得到官僚机构的有效执行。“反官僚体制”行为之所以往往产生事与愿违的后果，原因就在于摧毁了以上两个条件，从而阻碍了官僚机构有效地组织集体行动。

首先，“反官僚体制”会怎样摧毁第一个条件呢？根据第三章提出的“广义立法权力的最优配置理论”，当不完全契约使得社会的资产所有权结构变得重要时，一个社会要将有效制度选择出来，有赖于一定的“立法”权力配置和“立法”规则。“反官僚体制”的一个最重要的特征在于：试图摆脱官僚体制中的“形式”束缚，追求“具有实质性作用”的行为。因此，不论决定制度规则的权力是属于社会公众或其代表（民主），还是属于某位皇帝、先知、革命领袖或司令（专制），只要掌握着权力的群体或个人认为只有自己才真正地清楚什么是对社会最有利的制度规则，并认为既有的制度规则和行政程序无法产生他们希望的结果的时候，他们就会愤恨地指斥官僚机构“拘泥保守”“墨守成规”，然后试图脱离行政官僚去采取“实质性”的行动。当这种追求“实质性”的行动在某种程度上改变了实际有效的决策规则，从而改变了决策过程中行之有效的权力配置后，就难以保证有效的制度规则会被长久、稳定地选择出来了。卡西尔教授在《国家的神话》一书中指出，当一种在一代人甚至数代人中都十分稀见的公共需求出现，且没有足够的过往智慧保证满足该需求的技术手段存在时，“人格化”的决策和行动力量之所以会摧毁并取代“非人格化”运作的官僚体制，道理就在这里。

其次，类似地，“反官僚体制”也可能会摧毁上述第二个条件。尽管有效的制度规则能够被选择出来，并由官僚机构执行，但官僚机构有效地执行制度规则有赖于一系列重要的人力与非人力资产，如高素质的公务员队伍、各类档案的妥善登记和管理等。通常来说，这些人力和非人力资产价值往往需要通过烦琐的行政程序才能保证实现。但没有受过专业行政管理训练的人们，往往难以理解这些行政程序的功用，也无法准确地判断这些行政程序对官僚机构组织有效集体行动来说是否真正必要，从而对官僚体制产生了过度的憎恶。一旦这种过度的憎恶被相关的立法者接受并付诸行动，“反官僚体制”措施的作用就不仅是废除毫无意义的繁文缛节那么简单，这甚至可能会导致必要的行政程序被消除，反倒使得有效的集体行动无法被组织起来。

官僚机构“照章办事”“墨守成规”和“拘泥保守”不一定是坏事。官僚机构的职能部门长期在某个特定的社会领域运用行政权力，很可能会因地制宜、适时而变地形成很多细微烦琐的行政程序，这些行政程序对平衡社会各方利益、促使职能部门与规范管理对象形成“共容利益”（encompassing interests）（Olson，2005）发挥着难以察觉的重要作用。这些长期形成的、牢固的不同科层的官僚利益，很可能成为抵御各方面“异想天开”决策的有益力量。哈伯等（2019）关于墨西哥怎样在政治动荡中实现经济增长的研究，恰好印证了这一点。

官僚机构作为统治手段，是统治者制定并执行法律和政策的工具。根据本章前面的分析，在一个有效的官僚机构中，越接近底层的部分，通常来说世俗化和理性化的程度也越高，身处其中的官僚就越像一个“吏胥”，按照目标功能清晰可辨、收益和成本清楚可算的规章制度行事；在官僚体制中的这些世俗的、理性化的部分，官僚的行为与后果通常有明确的对应，不管作为官僚机构中控制人的统治者怎样喜怒不定、变幻莫测，要实现有效的统治，这些世俗的、理性的因素都是必不可少的，通常会相对稳定地留存在官僚体制之中。举个简单的例子：不管统治者们的意识形态如何不同，如果他们都需要有效地满足公民的用水需求，最好的办法都是建造水厂和铺设管道，并登记公民信息以便缴纳税费，而不是征纳贡品和建筑祭坛来求雨。此外，官僚体制中的这些世俗化、理性化的构件，通常是极具专用性的长期投入的产物。无论是档案文书等非人力资产，还是专业公务员这样的人力资产，都具有高度的专用性，其边际价值难以通过一般的市场机制得到清晰计算，一旦被摧毁也难以在短期内迅速恢复。官僚机构自主性是个极其复杂的问题。福山（2015）指出，自主性对于一个以专业技术为特征的、世俗的、理性化的官僚机构来说十分重要，是有效官僚机构必不可少的重要构成。尽管过大的自主性会使得专业技术带来的狭隘部门利益脱离适当的政治或战略控制，从而绑架和损害整个公共利益，但适当的自主性又有利于官僚机构发挥专业技术优势，避免过度的形式主义、文牍主义以及目标冲突的政治决策等因素对专业技术的损害。两者中间理应有一个最优的权衡，在两者之间划出清晰的界限。

然而不幸的是，官僚机构中的那些世俗化、理性化的部分，往往难以跟非世俗化的、带有“魔法”性质的部分——按韦伯的说法——分离开来。实际上不管是在官僚体制的哪个层级，都既含有世俗化和理性化的因素，也含有非世俗化的、带有“魔法”性质的因素。通常来说，在官僚机构的下层，前一种因素多些，而在上层中则后一种因素较多。不过，要清晰地在官僚体制中划分出两者的边界，却是不可能的事情。在官僚体制中长期稳定存在的世俗化、理性化部分，通常对于统治者和被统治者来说，都显然是利大于弊的，因为它往往是长期行政经验的积淀，体现着经受了反复验证的各种可靠的因果联系和互利关系。但由于官僚体制中非世俗化、含有“魔法”性质的部分难以与之分离，在位的统治者可能会将世俗化、理性化因素带来的好处据为己有，将其说成是在特定意识形态或观念之下取得的“伟大成就”，而实际上这些因素跟非世俗化的、带有“魔法”性质的意识形态和观念没多大联系。即使换上持有不同意识形态和观念的集体或个人作为统治者，他们也必须一模一样地依赖这些稳定的世俗化、理性化因素去发挥官僚机构的功能、实施有效的统治。包括暴力革命在内的各种激烈的反官僚统治行动之所以容易产生意料之外的代价，使得整个行动得不偿失，原因就在于有效官僚体制的边界及其“收益－成本”极难衡量和计算，世俗化、理性化的因素难

以与非世俗化、带有“魔法”性质的因素清楚分离。这样一来，当暴力革命以推翻统治者及其官僚机构为目标时，很可能会过于激进、不分青红皂白地摧毁官僚机构中世俗化的、理性化的部分，导致社会激烈的动荡。为了避免这种灾难，一个希望拥有良好官僚体制的国家，理应对政治与行政有一定程度的区分①，使官僚体制中非世俗化的、带有“魔法”性质的部分发生激烈的更替时，不致损害世俗化的、理性化的部分。

总而言之，我们在反对官僚主义的过程中，如果不对其中潜在的各种可能损害“国家能力”的因素加以仔细辨别，那么“反官僚体制”不仅无法促进市场的繁荣，甚至可能会反过来变成实质上的“反市场体制”。要知道，有效的市场体制本身就有赖于良好的法律制度和行政执法，有赖于有效的集体行动——我们必须认识到，高效的行政官僚体制本身就是市场的一个重要构成，是广义上的市场交易的一种重要形式。

第七节　本章小结

本章研究了官僚体制结构效率的决定因素。首先，本章考察了“非营利性”约束如何使得政府官僚体制中的科层结构明显区别于企业的科层结构，这一约束又是如何影响政府官僚体制的内部结构的。本章证明了以下的结论：一个有效率的官僚体制结构，应该允许较上级的官僚进行“高瞻远瞩”的、带有人格化色彩的政治决策，而较下级的官僚则应当日复一日地、以“非人格化”原则去执行法律。官僚体制中的“形式主义”弊病，主要是上级官僚把具有过大自由裁量空间的政治决策层层“打包下压”导致的。只要上级官僚承担了过大的、难以通过明确程序或技术执行的职能，且试图把履行这些职能的责任层层压到下级官僚的头

---

① 在20世纪初，美国政治学者古德诺（Goodnow）在《政治与行政：一个对政府的研究》（2011）一书中就提出，国家行为包括两个方面：一个是主权意志之表达（政治），通常与成文宪法紧密联系；另一个则是主权者意志之执行（行政），通常则与法外制度有紧密关系。政府民治程度越低，表达功能（政治）和执行功能（行政）之间的区别越小，立法机构与行政、司法机构之间的区别也越小。

上，“形式主义”的弊病就会屡禁不止。这意味着，要消除“形式主义”的弊端，一是要削减政府的职能，把更多的事情交给市场去做；二是要通过稳定的法律将各级官僚的职能固定下来，并形成有效的问责制度，尤其是对高级官僚的问责制度——如果上级官僚既要“大权在握”，又要“永远正确”，那么决策和职能就会被层层“打包下压”，从而产生“形式主义”问题。

其次，本章还考察了事前信息与事后信息的剩余控制权配置对官僚体制结构效率的影响。对于官僚机构的决策而言，事前信息与事后信息都是重要的，但是两者的作用不同。事前信息主要是在事前影响官僚决策的效率，事前信息的价值会在决策发生前被考虑和“计价”；而事后信息主要是在决策做出之后的执行过程中发挥作用，它对于决策者确定任务目标及任务的价值而言，并不十分要紧。因此，当交易费用存在时，在事前完备地掌握这些事后信息，通常是低效率的，事前放弃这些信息并不会使任务的预期价值大幅缩水，控制这些信息反而会带来高昂的合约成本。在此基础上，本章进一步证明了以下结论：在最优官僚体制结构中，官僚等级必然与事前信息水平成正比；除了最低层级的官僚之外，官僚的等级必然与事后信息水平成反比。因此，官僚体制可视为一种依据事前信息与事后信息的剩余控制权价值进行决策分工的体系。本章的最后部分还讨论了反对官僚体制的思想根源与本质，在一定程度上揭示了“反对官僚主义”思想中隐藏着的损害官僚机构有效职能、损害“国家能力”的潜在威胁。

参考文献

［1］阿西莫格鲁，罗宾逊. 国家为什么会失败：权力、繁荣与贫困之起源［M］. 李增刚，译. 徐彬，校. 长沙：湖南科学技术出版社，2015.

［2］奥尔森. 集体行动的逻辑［M］. 陈郁，等，译. 上海：格致出版社，上海三联书店，上海人民出版社，2011.

［3］奥尔森. 权力与繁荣［M］. 苏长和，嵇飞，译. 上海：上海人民出版社，2005.

［4］奥斯特罗姆. 公共事物的治理之道：集体行动制度的演进［M］. 余逊达，陈旭东，译. 上海：上海译文出版社，2012.

［5］巴泽尔. 产权的经济分析［M］. 费方域，段毅才，译. 上海：上海三联书店，上海人民出版社，1997 .

［6］巴泽尔. 产权和国家的演进［J］. 经济社会体制比较，1994（1）：34－41.

［7］巴泽尔. 国家理论：经济权利、法律权利与国家范围［M］. 钱勇，曾咏梅，译. 上海：上海财经大学出版社，2006.

［8］鲍莫尔. 福利经济及国家理论［M］. 郭家麟，郑孝齐，译. 北京：商务印书馆，2017.

［9］比尔德. 美国宪法的经济解释［M］. 夏润，译. 南京：江苏凤凰科学技术出版社，2017.

［10］闭明雄，杨春学. 自由裁量权的经济学分析［J］. 经济学动态，2017（12）：49－60.

［11］波普尔. 历史主义贫困论［M］. 何林，赵平，译. 北京：中国社会科学出版社，1998.

［12］波斯纳. 法律与社会规范［M］. 沈明，译. 北京：中国政法大学出版社，2004.

［13］布坎南，图洛克. 同意的计算：立宪民主的逻辑基础［M］. 陈光金，译. 上海：上海人民出版社，2014.

［14］布坎南. 成本与选择［M］. 刘志铭，李芳，译. 杭州：浙江大学出版

社，2009.
[15] 布坎南. 宪政的经济学解释 [M]. 贾文华，任洪生，译. 北京：中国社会科学出版社，2012.
[16] 布伦南，布坎南. 宪政经济学 [M]. 冯克利等，译. 北京：中国社会科学出版社，2004.
[17] 布罗姆利. 经济利益与经济制度：公共政策的理论基础 [M]. 陈郁等，译. 上海：格致出版社，上海三联书店，上海人民出版社. 2012.
[18] 陈骏，徐捍军. 企业寻租如何影响盈余管理 [J]. 中国工业经济，2019 (12)：171 – 188.
[19] 道格拉斯. 制度如何思考 [M]. 张晨曲，译. 北京：经济管理出版社，2018.
[20] 索托. 资本的秘密 [M]. 于海生，译. 北京：华夏出版社，2007.
[21] 德姆塞茨. 竞争的经济、法律和政治维度 [M]. 陈郁，译. 上海：上海三联书店，1992.
[22] 恩格斯. 家庭、私有制和国家的起源 [M]. 中共中央马克思恩格斯列宁斯大林著作编译局，译. 北京：人民出版社，2018.
[23] 福山. 历史的终结 [M]. 本书翻译组，译. 呼和浩特：远方出版社，1998.
[24] 福山. 政治秩序的起源：从前人类时代到法国大革命 [M]. 毛俊杰，译. 桂林：广西师范大学出版社，2014.
[25] 福山. 政治秩序与政治衰败：从工业革命到民主全球化 [M]. 毛俊杰，译. 桂林：广西师范大学出版社，2015.
[26] 格姆雷，巴拉. 官僚机构与民主：责任与绩效 [M]. 俞沂暄，译. 上海：复旦大学出版社，2007.
[27] 古德诺. 政治与行政：一个对政府的研究 [M]. 王元，译. 上海：复旦大学出版社，2011.
[28] 顾炎武. 日知录 [M]. 杭州：浙江古籍出版社，2013.
[29] 哈伯，拉佐，毛雷尔. 产权的政治学：墨西哥的制度转型 [M]. 何永江，余江，译. 北京：中信出版社，2019.
[30] 哈耶克. 法律、立法与自由 [M]. 邓正来，等译. 北京：中国大百科全书出版社，2000.
[31] 哈耶克. 致命的自负：社会主义的谬误 [M]. 冯克利，等，译. 北京：中国社会科学出版社，2000.
[32] 哈耶克. 自由宪章 [M]. 杨玉生等，译. 北京：中国社会科学出版社，1999.

[33] 汉密尔顿，麦迪逊，杰伊. 联邦党人文集 [M]. 张晓庆，译. 北京：中国社会科学出版社，2009.
[34] 贺大兴，姚洋. 平等与中性政府：对中国三十年经济增长的一个解释 [J]. 世界经济文汇，2009 (1)：103-120.
[35] 贺大兴，姚洋. 社会平等、中性政府与中国经济增长 [J]. 经济研究，2011 (1)：4-17.
[36] 黄少安，陈斌开，刘姿彤. "租税替代"、财政收入与政府的房地产政策 [J]. 经济研究，2012 (8)：93-106.
[37] 黄少安，赵建. 转轨失衡与经济的短期和长期增长：一个寻租模型 [J]. 经济研究，2009 (12)：80-92.
[38] 黄晓光，李胜兰，黎天元. 寻租、生产专用性投资与企业经营效率 [J]. 制度经济学研究，2020 (2)：23-40.
[39] 霍尔姆斯，桑斯坦. 权利的成本：为什么自由依赖于税 [M]. 毕竞悦，译. 北京：北京大学出版社，2004.
[40] 金滢基，马骏. 政府在获得技术能力方面的作用：对东亚石化工业的案例分析 [M] //青木昌彦等编. 政府在东亚经济发展中的作用：比较制度分析，张春霖等，译. 北京：中国经济出版社，1998.
[41] 卡西尔. 国家的神话 [M]. 范进，杨君游，柯锦华，译. 北京：华夏出版社，2015.
[42] 康妮，陈林. 行政垄断加剧了企业生存风险吗？[J]. 财经研究，2017 (11)：115-125.
[43] 柯兹纳. 市场过程的含义：论现代奥地利学派经济学的发展 [M]. 冯兴元等，译. 北京：中国社会科学出版社，2012.
[44] 科斯. 企业、市场与法律 [M]. 盛洪，陈郁，译. 上海：上海三联书店，1990.
[45] 李刚. 国家、税收与财产所有权 [C] //北京大学财经法研究中心. 财税法论丛（第4卷），2004：27.
[46] 李捷瑜，黄宇丰. 转型经济中的贿赂与企业增长 [J]. 经济学（季刊），2010 (4)：1467-1484.
[47] 李治安，杜家骥. 中国古代官僚政治 [M]. 北京：中华书局，2005.
[48] 利瓦伊. 统治与岁入 [M]. 周军华，译. 上海：格致出版社，上海人民出版社，2010.

[49] 刘锦，张三保．行政许可与企业腐败：来自世界银行中国企业调查的经验证据[J]．经济社会体制比较，2019（2）：81－91．
[50] 卢梭．政治经济学[M]．李平沤，译．北京：商务印书馆，2013．
[51] 罗尔斯．正义论[M]．何怀宏等，译．北京：中国社会科学出版社，1988．
[52] 马克思．资本论：第二卷[M]．中共中央马克思恩格斯列宁斯大林著作编译局，译．北京：人民出版社，1991．
[53] 马克思．资本论：第三卷[M]．中共中央马克思恩格斯列宁斯大林著作编译局，译．北京：人民出版社，1990．
[54] 马克思．资本论：第一卷[M]．中共中央马克思恩格斯列宁斯大林著作编译局，译．北京：人民出版社，1999．
[55] 梅纳尔．制度、契约与组织：从新制度经济学角度的透视[M]．刘刚等，译．北京：经济科学出版社，2003．
[56] 门格尔．国民经济学原理[M]．刘絜敖，译．上海：上海人民出版社，2007．
[57] 米塞斯．反资本主义的心境[M]．夏道平，译．台湾：远流出版社，1991．
[58] 米塞斯．人的行动：关于经济学的论文[M]．余晖，译．上海：上海人民出版社，2013．
[59] 穆勒．政治经济学原理及其在社会哲学上的若干应用：上卷[M]．赵荣潜等，译．北京：商务印书馆，2005．
[60] 穆勒．政治经济学原理及其在社会哲学上的若干应用：下卷[M]．胡企林，朱泱，译．北京：商务印书馆，2005．
[61] 奈特．风险、不确定性与利润[M]．安佳，译．北京：商务印书馆，2010．
[62] 尼斯坎南．官僚制与公共经济学[M]．王浦劬等，译．北京：中国青年出版社，2004．
[63] 诺齐克．无政府、国家和乌托邦[M]．姚大志，译．北京：中国社会科学出版社，2008．
[64] 诺斯，瓦利斯，温格斯特．暴力与社会秩序：诠释有文字记载的人类历史的一个概念性框架[M]．杭行，王亮，译．上海：上海人民出版社，格致出版社，上海三联书店，2013．
[65] 诺斯．经济史上的结构和变革[M]．厉以平，译．北京：商务印书馆，1992．
[66] 诺斯．制度、制度变迁与经济绩效[M]．刘守英，译．上海：上海三联书店，1994．
[67] 派普斯．财产论[M]．蒋琳琦，译．北京：经济科学出版社，2003．

[68] 青木昌彦，穆尔多克，奥野-藤原正宽. 东亚经济发展中政府作用的新诠释：市场增进论［M］//青木昌彦等编. 政府在东亚经济发展中的作用：比较制度分析. 张春霖等，译. 北京：中国经济出版社，1998.
[69] 盛洪. 论租税同源、分离与互替［J］. 制度经济学研究，2012（4）：1-25.
[70] 司马光. 资治通鉴［M］. 胡三省注，北京：中华书局，1976.
[71] 司马迁. 史记［M］. 北京：中华书局，2006.
[72] 唐斯. 官僚制内幕［M］. 郭小聪等，译. 北京：中国人民大学出版社，2006.
[73] 唐斯. 民主的经济理论［M］. 姚洋等，译. 上海：上海人民出版社，2005.
[74] 特利，迪尔克，彭哲. 土地租税理论述评［J］. 经济资料译丛，2014（1）：1-23.
[75] 王利器. 盐铁论校注：新编诸子集成本［M］. 北京：中华书局，2015.
[76] 王明涛，谢建国. 寻租、市场分割与企业超额回报：基于中国制造业企业的经验研究［J］. 经济科学，2019（3）：67-79.
[77] 王雪婷，胡奕明. 房价与企业税负的“租税替代”关系：基于1999—2015年上市公司数据的实证研究［J］. 财政研究，2018（7）：91-105.
[78] 威廉姆森，温特. 企业的性质：起源、演变与发展［M］. 北京：商务印书馆，2010.
[79] 威廉姆森. 资本主义经济制度：论企业签约与市场签约［M］. 段毅才，王伟，译. 北京：商务印书馆，2002.
[80] 韦伯. 经济与社会［M］. 林荣远，译. 北京：商务印书馆，2006.
[81] 维斯，霍布森. 国家与经济发展：一个比较及历史性的分析［M］. 黄兆辉，廖志强，译. 长春：吉林出版集团有限公司，2009.
[82] 肖特. 社会制度的经济理论［M］. 陆铭，陈钊，译. 上海：上海财经大学出版社，2003.
[83] 徐国栋. 罗马的包税人：公务承包制、两合公司在古罗马［J］. 吉林大学社会科学学报，2010（6）：124-131.
[84] 杨斌，雷根强. 论租税分流：资源税的改革方向［J］. 财贸经济，1993（11）：31-34.
[85] 杨伯峻. 论语译注［M］. 北京：中华书局，2015.
[86] 杨伯峻. 孟子译注［M］. 北京：中华书局，2010.
[87] 杨德明，赵璨，曹伟. 寻租与企业绩效：“绊脚石”还是“润滑剂”［J］. 财贸经济，2017（1）：130-145.

［88］杨瑞龙，邢华．科斯定理与国家理论：权力、可信承诺与政治企业家［J］．学术月刊，2007（1）：84－90.
［89］杨瑞龙，钟正生．政治科斯定理述评［J］．教学与研究，2007（1）：44－50.
［90］姚洋．中国经济成就的政治经济学原因［J］．经济与管理研究，2018（1）：55－63.
［91］姚洋．中性政府：对转型期中国经济成功的一个解释［J］．经济评论，2009（3）：5－13.
［92］尹振东，聂辉华．腐败、官员治理与经济发展［J］．经济学（季刊），2020（2）：411－432.
［93］张五常．经济解释［M］．北京：中信出版社，2015.
［94］张五常．中国的经济制度［M］．北京：中信出版社，2009.
［95］张璇，刘贝贝，胡颖．吃喝腐败、税收寻租与企业成长：来自中国企业的经验证据［J］．南方经济，2016（11）：1－21.
［96］邹秀清．“租税互替”与地方政府的土地财政行为研究综述［J］．现代经济探讨，2014（7）：68－72.
［97］ACEMOGLU D，ROBINSON J A. Economic backwardness in political perspective［J］. The American Political Science Review，2006a（1）：115－131.
［98］ACEMOGLU D，ROBINSON J A. Political losers as barrier to economic development［J］. The American Economic Review，2000（2）：126－130.
［99］ACEMOGLU D. A Simple model of inefficient institutions［J］. The Scandinavian Journal of Economics，2006b（4）：515－546.
［100］ACEMOGLU D. Institutions，factor prices，and taxation：virtues of strong states［J］. The American Economic Review，2010（2）：115－119.
［101］ACEMOGLU D. Why not a political coase theorem? social conflict，commitment，and politics［J］. Journal of Comparative Economics，2003（4）：620－652.
［102］ACEMOGLU D，ROBINSON J A. Economics versus politics：pitfalls of policy advice［J］. Journal of Economic Perspectives，2013（2）：173－192.
［103］APPELBAUM E，KATZ. Seeking rents by setting rents：the political economy of rent seeking［J］. The Economic Journal，1987（387）：685－699.
［104］ATTANASI G，CORAZZINI L，PASSARELLI F. Voting as a lottery［J］. Journal of Public Economics，2017（146）：129－137.
［105］BAO T，WANG Y. Incomplete contract，bargaining and optimal divisional structure

[J]. Journal of Economics, 2012 (1): 81－96.

[106] CHEN, CHARLES J P, XIJIA SU, et al. Rent-seeking incentives, corporate political connections, and the control structure of private firms: Chinese evidence [J]. Journal of Corporate Finance, 2011 (2): 231－243.

[107] COASE R. The federal communications commission [J]. The Journal of Law & Economics, 1959 (2): 1－40.

[108] COASE R. The institutional structure of production [J]. The American Economic Review, 1992 (4): 713－719.

[109] COASE R. The lighthouse in Economics [J]. The Journal of Law & Economics, 1974 (2): 357－376.

[110] COASE R. The nature of the firm [J]. Economica, 1937 (4): 386－405.

[111] COASE R. The problem of social cost [J]. The Journal of Law & Economics, 1960 (3): 1－44.

[112] DANIEL S. ERIC W. Are economic rents good for development? Evidence from the manufacturing sector [J]. World Development, 2018 (112): 33－45.

[113] FRIEBEL G, RAITH M. Resource allocation and organizational form [J]. American Economic Journal, 2010 (2): 1－33.

[114] GUIMARAES, SHEEDY K D. A model of equilibrium institutions [C]. CEP Discussion Paper.

[115] HART O. Firms, contractsand financial structure [M]. London: Claredon Press, 1995.

[116] HART O. MOORE J. On the design of hierarchies: coordination versus specialization [J]. Journal of Political Economy, 2005 (4): 675－702.

[117] HART, SHLEIFER, VISHNY R, et al. The proper scope of government: theory and an application to prisons [J]. The Quarterly Journal of Economics, 1997 (4): 1127－1161.

[118] HAYEK F A. The use of knowledge in society [J]. The American Economic Review, 1945 (4): 519－530.

[119] HOLCOMBE, RANDALL G. The coase theorem, applied to markets and government [J]. The Independent Review, 2018 (2): 249－266.

[120] NASIR I, VINCE D. Rent seeking opportunities and economic growth in transitional economies [J]. Economic Modelling, 2014 (37): 16－22.

[121] KRUEGER A O. The political economy of the rent-seeking society [J]. American Economic Review, 1974 (64): 291 - 303.

[122] MCCHESNEY F S. Rent extraction and interest-group organization in a Coasean model of regulation [J]. The Journal of Legal Studies, 1991 (1): 73 - 90.

[123] MCCHESNEY F S. Rent extraction and rent creation in the economic theory of regulation [J]. The Journal of Legal Studies, 1987 (1): 101 - 118.

[124] MISES, LUDWIG VON. Bureaucracy [M]. Indiana: Liberty Fund, 2007.

[125] NGO VAN LONG. The theory of contests: a unified model and review of the literature [J]. European Journal of Political Economy, 2013 (32): 161 - 181.

[126] PARISI F. Political Coase Theorem [J]. Public Choice, 2003 (115): 1 - 36.

[127] PUSCHKE K. Task assignment and organizational form [J]. Journal of Economics, 2009 (2): 149 - 168.

[128] RAE D W. Decision-rules and individual values in constitutional choice [J]. The American Political Science Review, 1969 (1): 40 - 56.

[129] SCHUMPETER. Die Krise des Steuerstaats [M] //Goldscheid-Schumpeter. Die Finanzkrise des Steuerstaats, Germany: suhrkamp, 1976.

[130] STEVEN N, DURLAUF, LAWRENCE E, et al. The new Palgrave dictionary of economics [M]. 2nd Edition, London: Macmillan Publishers Limited, 2008.

[131] TIEBOUT C M. A pure theory of local expenditure [J] Journal of Political Economy, 1956 (64): 416 - 424.

[132] TULLOCK G. Efficient rent seeking [M] //Buchanan J M, Tollison R, Tullock G. Toward a theory of rent seeking society. Cdlege Station: Texas A&M University Press, 1980.

[133] TULLOCK G. The welfare costs of tariffs, monopolies and theft [J]. Western Economic Journal, 1967 (5): 224 - 232.

[134] YU-BONG LAI. Rent-seeking, R&D, and productivity [J]. Scottish Journal of Political Economy, 2020 (4): 404 - 419.

后　　记

本书的核心思想形成于我博士研究生学习期间，书中主要内容也是根据在此期间写下的读书笔记系统整理而成，部分章节内容也已通过学术论文的形式发表。整理出版本书的主要目的是与经济学同行以及政治学、社会学、法学等相关领域学者进行学术上的交流与探讨。当然，学者应不惧质疑和分歧，因此，我也十分希望本书能得到其他领域学者的关注和批评。来自他人的批评，一直是我学术不断进步的动力。

本书采用新制度经济学的方法研究了寻租行为、立法权力配置以及官僚体制结构的效率边界问题。尽管我在书中一直试图说明自己的边际贡献，但必须承认的是，本书也存在不少有待后续完善的地方。首先，本书将精力集中在纯粹的理论分析，没有对理论在现实中的应用做太多的延伸。本书对不同学科的读者而言，语言表述会显得较为专业和抽象；部分名词如“控制权”“人格化”“官僚主义”和“形式主义”等，在不同的学科语境下可能会出现歧义。对跨学科的研究来说，词语的歧义总归是难免的事情，我已从经济学角度出发，对这些可能引起歧义的词语进行了说明。其次，书中不少结论，例如，寻租过程的“契约不完全性”与政府权力边界的关系、立法权力配置与社会资产所有权结构的关系，还有下级官僚“形式主义”与上级官僚“卸责”之间的关系等，仍有待通过系统的数据进行计量经济学检验。尽管我在阅读历史著作、新闻报道和案例调查等资料的过程中，粗略地对理论进行了一定的验证，但怎样通过规范的计量经济学方法识别因果关系，仍是将来研究的重点和难点。最后，本书的核心思想建立在科斯定理的基础上，但关于事后谈判中的交易费用类型及其引起的不同后果，仍有待更深入的研究。例如，当制度执行产生的事后收益很容易被隐藏或转移时，在财政收入中引入公债取代税收可能是有好处的；即使是在政府行为受到纳税人立法约束的场合，公债产生的事后收益也可能会被纳税人转移，从而引起“纳税人统治”与“债权人统治”之间的冲突。而财政收入结构的作用以及“纳税人－债权人”的关系问题，本书尚未涉及，这可能是本书理论在将来的一个扩展方向。

本书从写作到出版的整个过程，得到了多方的帮助。感谢我所在单位中山大学岭南学院对本书出版的支持以及为我提供理想的工作环境。感谢中山大学出版社各位编辑的辛勤付出，他们的努力，使一份杂乱的稿件变得整洁有序。感谢中山大学李胜兰教授和周林彬教授，无论是在学术还是生活上，他们都一直给予我引导和鼓励。感谢山东大学黄少安教授和李增刚教授，每次参加中国制度经济学论坛和中国法经济学论坛，和两位教授以及同行们交流，都能使我获益良多。感谢同事黎天元博士、麦景琦博士、张一帆博士和李泽华博士，就本书的一些内容，他们曾耐心地跟我讨论并给我中肯的意见，协助我更好地理清自己的想法。最后，感谢我的父母、兄长和妻子。2020 年突如其来的新冠肺炎疫情把我困在家中半年，反倒让我有了难得的大块时间去阅读、整理笔记并系统地完成本书的写作。家人们在这半年里给了我无微不至的照顾，对一个整天“无所事事”地躲在书房的“懒汉”，他们给予了最大程度的理解与包容。没有他们的支持，写作一本书是根本无法想象的事情。至于其他为我提供过帮助的人，希望他们能原谅我无法在此一一列举他们的名字。

由于资历尚浅、能力有限，我深知本书无论是在行文还是思想上，都可能有一定的缺漏，还望读者和同行们能够指正，不胜感激。

黄晓光

2022 年 2 月 20 日